Grupo Wagner

La breve historia del grupo paramilitar ruso, Yevgeny Prigozhin, la invasión de Ucrania, la rebelión, los conflictos, las polémicas y mucho más

Descargo de responsabilidad

Este documento pretende proporcionar información exacta y fiable en relación con el tema y la cuestión tratados. La publicación se vende con la idea de que el editor no está obligado a prestar servicios contables, oficialmente permitidos, o de otro tipo, cualificados. Si es necesario asesoramiento, legal o profesional, se debe pedir a una persona con práctica en la profesión - de una Declaración de Principios que fue aceptada y aprobada igualmente por un Comité de la Asociación Americana de Abogados y un Comité de los Editores y Asociaciones.

Queda prohibida la reproducción, duplicación o transmisión total o parcial de este documento, ya sea por medios electrónicos o en formato impreso. Queda terminantemente prohibida la grabación de esta publicación y no se permite el almacenamiento de este documento a menos que se cuente con la autorización por escrito del editor. Reservados todos los derechos.

La presentación de la información se realiza sin contrato ni garantía de ningún tipo. Las marcas comerciales que se utilizan son sin ningún tipo de consentimiento, y la publicación de la marca comercial es sin permiso o respaldo por parte del propietario de la marca. Todas las marcas registradas y marcas dentro de este libro son sólo para fines aclaratorios y son propiedad de los propios propietarios, no afiliados con este documento. No fomentamos el abuso de sustancias y no nos hacemos responsables de la participación en actividades ilegales.

1

Introducción

El Grupo Wagner (ruso: Группа Вагнера, tr. *Gruppa Vagnera*), conocido oficialmente como PMC Wagner (ruso: ЧВК "Вагнер", tr. *ChVK "Vagner"*; lit.'Compañía Militar Privada Wagner'), es una organización paramilitar rusa. Se trata de una empresa militar privada compuesta por mercenarios, y ha sido descrita como un ejército privado de *facto del* antiguo aliado del Presidente ruso Vladimir Putin, Yevgeny Prigozhin. El grupo opera al margen de la ley en Rusia, donde las empresas militares privadas están oficialmente prohibidas. Dado que opera en apoyo de intereses rusos, recibe equipamiento del Ministerio de Defensa ruso y utiliza instalaciones de este ministerio para entrenarse, se dice que el Grupo Wagner es una unidad de *facto* del Ministerio de Defensa o de la agencia de inteligencia militar rusa, el GRU. Aunque el Grupo Wagner en sí mismo no tiene una orientación ideológica, algunos de sus miembros están vinculados al neonazismo y al extremismo de extrema derecha.

Se especula ampliamente con que el Grupo Wagner fue utilizado por el Gobierno ruso para una negación plausible y para ocultar las verdaderas bajas y los costes financieros de las intervenciones rusas en el extranjero. Fue fundado en 2014 por el antiguo oficial del GRU Dmitry Utkin y el empresario Yevgeny Prigozhin. Saltó a la fama durante la guerra de Donbás, en Ucrania, donde ayudó a las fuerzas separatistas prorrusas entre 2014 y 2015. Al parecer, sus contratistas han participado en conflictos en todo el mundo, incluidas las guerras civiles de Siria, Libia, la República Centroafricana y Mali, a menudo luchando del lado de fuerzas alineadas con el Gobierno ruso. Los agentes de Wagner están acusados de cometer crímenes de guerra, como asesinatos, torturas, violaciones y robos a civiles, así como de torturar a desertores acusados.

Wagner ha desempeñado un papel importante en la invasión rusa de Ucrania, para la que reclutó a presos de cárceles rusas para combatir en primera línea. A finales de 2022, sus efectivos habían pasado de 1.000 a entre 20.000 y 50.000. En 2023, Rusia concedió el estatus de veteranos de combate a los contratistas de Wagner que participaron en la invasión.

Prigozhin admitió ser el líder de Wagner en septiembre de 2022. Empezó a criticar abiertamente al Ministerio de Defensa ruso por su mala gestión de la guerra contra

Ucrania. El 23 de junio de 2023, Prigozhin lanzó una rebelión armada tras acusar al ejército ruso de matar a soldados wagnerianos. Las unidades wagnerianas se retiraron de Ucrania y tomaron la ciudad rusa de Rostov del Don, mientras un convoy wagneriano se dirigía hacia Moscú. La rebelión se detuvo el 24 de junio, cuando el presidente bielorruso Alexander Lukashenko negoció un acuerdo.

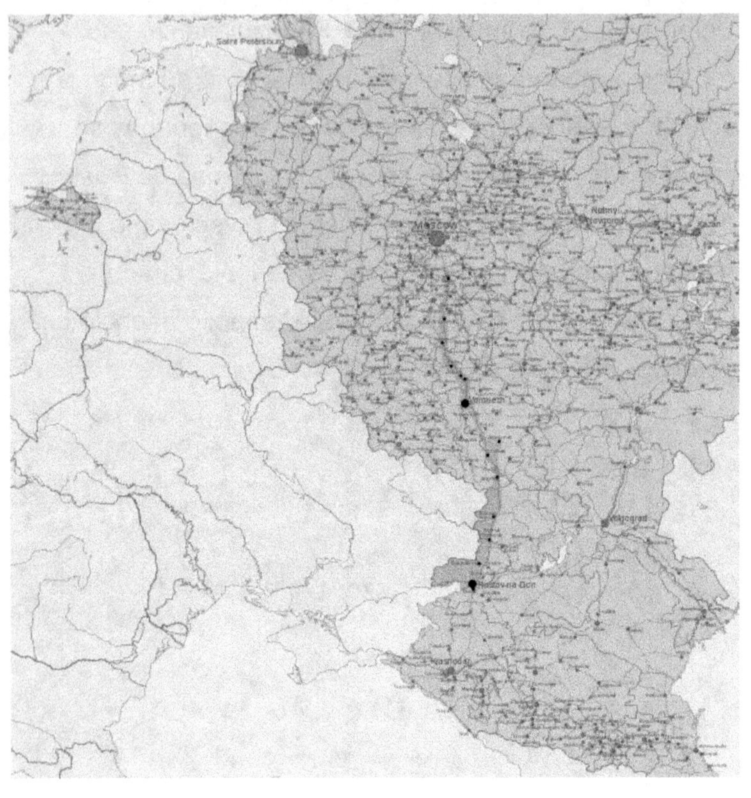

Saint Petersburg
Moscow
Nizhny Novgorod
Tambov
Volgograd
Rostov-na-Don
Krasnodar

Índice

Orígenes y liderazgo del Grupo Wagner

Dmitriy Valeryevich Utkin, veterano de la Primera y Segunda Guerras Chechenas, habría fundado el grupo. Hasta 2008 o 2013, Utkin fue teniente coronel y comandante de brigada de una unidad de Spetsnaz GRU, el 700º Destacamento Independiente Spetsnaz de la 2ª Brigada Independiente.

Tras dejar el ejército, en 2013 Utkin empezó a trabajar para Moran Security Group, una empresa privada fundada por veteranos militares rusos, que participaba en misiones de seguridad y formación en todo el mundo, y especializada en seguridad contra la piratería. Ese mismo año, altos directivos de Moran Security Group participaron en la creación de la empresa Slavonic Corps, con sede en Hong Kong, que cazaba contratistas para "proteger yacimientos petrolíferos y oleoductos" en Siria durante su guerra civil. Utkin fue desplegado en Siria como miembro del Slavonic Corps, sobreviviendo a su desastrosa misión. Posteriormente, el Servicio Federal de Seguridad de Rusia detuvo a algunos miembros del Cuerpo Eslavo por actividades mercenarias ilegales en noviembre de 2013.

En 2021, el informe de *Foreign Policy* señalaba que se desconocía el origen del nombre "Wagner". Otros afirman que el nombre del grupo procede del indicativo de Utkin, "Wagner", al parecer por el compositor alemán Richard Wagner, que Utkin habría elegido debido a su pasión por el Tercer Reich (Wagner era el compositor favorito de Adolf Hitler). Por ello, algunos creen que es neonazi, y *The Economist* informa de que Utkin tiene varios tatuajes nazis. Miembros del Grupo Wagner afirman que Utkin es un Rodnover, un creyente de fe nativa eslava. Radio Liberty citó información privilegiada según la cual los dirigentes del Grupo Wagner son seguidores de la Fe Nativa Eslava, un nuevo movimiento religioso pagano moderno.

Varios elementos de Wagner han sido vinculados a extremistas de extrema derecha neonazis y de supremacía blanca, como la unidad Rusich de Wagner, abiertamente neonazi y de extrema derecha, y miembros de Wagner han dejado pintadas neonazis en el campo de batalla. Sin embargo, Erica Gaston, asesora política del Centro de Investigación Política de la Universidad de las Naciones Unidas, señaló que el Grupo Wagner no tiene motivaciones ideológicas, sino que es una red de

9

mercenarios "vinculada al Estado de seguridad ruso".
Rusia niega la conexión y oficialmente el grupo no existe.

En diciembre de 2016, Utkin fue fotografiado con el
presidente ruso, Vladímir Putin, en una recepción ofrecida
en el Kremlin en honor de los galardonados con la Orden
del Valor y el título de Héroe de la Federación Rusa (con
motivo del Día de los Héroes de la Patria), junto con
Alexander Kuznetsov, Andrey Bogatov y Andrei Troshev.
Se decía que Kuznetsov (indicativo de llamada "Ratibor")
era el comandante de la primera compañía de
reconocimiento y asalto de Wagner, Bogatov era el
comandante de la cuarta compañía de reconocimiento y
asalto, y Troshev ejercía de "director ejecutivo" de la
compañía. Pocos días después, el portavoz del Kremlin,
Dmitry Peskov, confirmó la presencia de Utkin en la
recepción, afirmando que Utkin era de la región de
Nóvgorod y que había recibido el premio, pero que no
podía decir por qué, salvo que presumiblemente era por
su valor. Peskov declaró que desconocía la fama de Utkin.

Durante mucho tiempo se informó de que el empresario
ruso Yevgeny Prigozhin -a veces llamado "el chef de
Putin", debido a sus negocios de catering que organizaban

cenas a las que Vladimir Putin asistía con dignatarios extranjeros- tenía vínculos con Wagner y Utkin personalmente. Se decía que el empresario era el principal financiador y propietario real del Grupo Wagner. Prigozhin negó cualquier vínculo con Wagner, hasta septiembre de 2022, cuando admitió haber cofundado el grupo en un post en VKontakte. Prigozhin afirmó: "Yo mismo limpié las armas viejas, arreglé los chalecos antibalas y encontré especialistas que podían ayudarme con esto". A partir de ese momento, el 1 de mayo de 2014, nació un grupo de patriotas que más tarde pasó a llamarse Batallón Wagner." Anteriormente, Prigozhin había demandado a *Bellingcat, Meduza* y *Eco de Moscú* por informar de sus vínculos con el grupo mercenario.

En 2019, cuando la presencia de las PMC de Wagner en África iba en aumento, se informó de que un viaje previsto de Utkin a Ruanda se canceló en el último momento. Se suponía que iba a viajar con Valery Zakharov, un asesor de seguridad ruso del presidente de la República Centroafricana. Posteriormente, se pensó que Utkin había sido retirado de las operaciones africanas del Grupo Wagner debido a su sobreexposición, resultado de la ceremonia de entrega de medallas en el Kremlin en 2016,

11

y a las sanciones que le impuso Estados Unidos. Posteriormente, el coronel Konstantin Aleksandrovich Pikalov (indicativo de llamada "Mazay") habría sido puesto al frente de las operaciones africanas de Wagner. Según otro informe, se produjo un cambio de liderazgo en el Grupo Wagner debido a cambios en la metodología y dirección de su trabajo, abandonando Utkin el grupo y convirtiéndose Konstantin Pikalov en el nuevo jefe de la organización. Otra teoría era que Dmitry Utkin había sido asesinado, ya que su número de teléfono había dejado de funcionar y sus viajes regulares de Krasnodar a San Petersburgo habían cesado.

Pikalov sirvió como oficial militar en la unidad militar experimental rusa número 99795, situada en el pueblo de Storozhevo, cerca de San Petersburgo. La unidad estaba encargada, en parte, de "determinar los efectos de los rayos radiactivos en los organismos vivos". Tras su jubilación, siguió viviendo en la base militar al menos hasta 2012 y dirigió una agencia de detectives privados.

En otoño de 2014, junto con un nutrido grupo de cosacos, posiblemente participó en la represión de opositores al presidente de la República Srpska, Milorad Dodik,

12

apoyado por Rusia, durante las elecciones generales de la República Srpska en Bosnia y Herzegovina. Dodik ganó la reelección. Entre 2014 y 2017, Pikalov viajó varias veces a destinos cercanos a la frontera ucraniana, a veces en reservas conjuntas con conocidos oficiales de Wagner.

En 2016, Pikalov se presentó a las elecciones municipales del distrito de su base militar, cerca de San Petersburgo, en nombre del partido pro-Kremlin Una Rusia Justa. Sin embargo, el Comité Electoral Central de Rusia denegó su participación, posiblemente debido a sus antecedentes penales. Su nombre figura en una lista negra del Banco Central con una nota que lo señala como "sospechoso de blanqueo de dinero", aunque su expediente penal actual está en blanco. Según Bellingcat, esto podría significar que la sospecha no dio lugar a cargos penales o que los registros fueron purgados. Antiguos empleados de Prigozhin entrevistados bajo condición de anonimato por Bellingcat declararon que Pikalov era conocido por haber participado en operaciones militares tanto en Ucrania como en Siria.

Organización del Grupo Wagner

Estructura

A principios de 2016, Wagner contaba con 1.000 empleados, que posteriormente aumentaron a 5.000 en agosto de 2017 y a 6.000 en diciembre de 2017. Se dice que la organización está registrada en Argentina y tiene oficinas en San Petersburgo y Hong Kong. En noviembre de 2022, Wagner abrió una nueva sede y centro tecnológico en el PMC Wagner Center, al este de San Petersburgo.

A principios de octubre de 2017, el SBU afirmó que la financiación de Wagner en 2017 se había incrementado en 185 millones de rublos (3,1 millones de dólares) y que alrededor de cuarenta ciudadanos ucranianos trabajaban para Wagner, siendo el 95 por ciento restante del personal ciudadanos rusos. Un ucraniano murió en Siria mientras luchaba en las filas de Wagner en marzo de 2016, y en total se informó de la muerte de tres esa primavera. También han trabajado para Wagner armenios, kazajos y moldavos.

Tras el despliegue de sus contratistas entre 2017 y 2019, en Sudán, la República Centroafricana, Madagascar, Libia y Mozambique, el Grupo Wagner tenía oficinas en 20 países africanos, incluidos Eswatini, Lesoto y Botsuana, a finales de 2019. A principios de 2020, Erik Prince, fundador de la empresa militar privada Blackwater, trató de prestar servicios militares al Grupo Wagner en sus operaciones en Libia y Mozambique, según *The Intercept*. En marzo de 2021, las empresas militares privadas de Wagner también estarían desplegadas en Zimbabue, Angola, Guinea, Guinea Bissau y, posiblemente, la República Democrática del Congo.

Según el *Financial Times,* el Grupo Wagner no existe como una única entidad constituida, sino como una "extensa red de empresas que interactúan entre sí, con diversos grados de proximidad al grupo Concord [de Prigozhin]", como "Concord Management and Consulting" y "Concord Catering". Esta abstrusa estructura ha complicado supuestamente los esfuerzos de los gobiernos occidentales por restringir las actividades de Wagner.

Basándose en parte en documentos filtrados proporcionados por el Dossier Center, el periodista de

15

investigación David Patrikarakos ha afirmado que Wagner nunca ha estado bajo el control ni del GRU ni del Ministerio de Defensa, como se ha afirmado a menudo, sino que está dirigido exclusivamente por Prigozhin.

Contratación y formación

La empresa entrena a su personal en una instalación del Ministerio de Defensa ruso, Molkino (Молькино), cerca del remoto pueblo de Molkin, en Krasnodar Krai. Los barracones de la base no están vinculados oficialmente al Ministerio de Defensa ruso, y los documentos judiciales los describen como un campamento de vacaciones para niños. Según un informe publicado por el mensual ruso *Sovershenno Sekretno*, la organización que contrataba personal para Wagner no tenía un nombre permanente y tenía un domicilio legal cerca del asentamiento militar Pavshino en Krasnogorsk, cerca de Moscú. En diciembre de 2021, la revista *New Lines* analizó datos sobre 4.184 miembros de Wagner que habían sido identificados por investigadores del Centro Ucraniano de Análisis y Seguridad, y descubrió que la edad media de un contratista militar privado (CMP) de Wagner es de cuarenta años y que los CMP procedían de hasta quince países diferentes, aunque la mayoría eran de Rusia.

Cuando los nuevos reclutas de la PMC llegan al campo de entrenamiento, ya no se les permite utilizar los servicios de redes sociales y otros recursos de Internet. No se les permite publicar en Internet fotos, textos, grabaciones de audio y vídeo ni ninguna otra información obtenida durante su formación. No se les permite comunicar a nadie su ubicación, tanto si están en Rusia como en otro país. Los teléfonos móviles, tabletas y otros medios de comunicación se dejan en la empresa y se entregan en un momento determinado con el permiso de su comandante.

Se entregan los pasaportes y otros documentos y, a cambio, los empleados de la empresa reciben una placa sin nombre con un número personal. La empresa sólo acepta nuevos reclutas si se establece un acuerdo de confidencialidad de 10 años y, en caso de incumplimiento de la confidencialidad, la empresa se reserva el derecho de rescindir el contrato del empleado sin pagarle nada. Según el Servicio de Seguridad de Ucrania (SBU), a los militares rusos se les asigna el papel de instructores de los reclutas. Durante su formación, los PMC reciben 1.100 dólares al mes.

Se calcula que la paga de los PMC de Wagner, que suelen ser militares rusos regulares retirados de entre 35 y 55 años, oscila entre 80.000 y 250.000 rublos rusos al mes (667-2.083 USD). Una fuente afirmó que la paga ascendía a 300.000 (2.500 USD).

A finales de 2019, se reveló un llamado código de honor de Wagner que enumera diez mandamientos que deben seguir las PMC de Wagner. Estos incluyen, entre otros, proteger los intereses de Rusia siempre y en todas partes, valorar el honor de un soldado ruso, luchar no por dinero, sino desde el principio de ganar siempre y en todas partes.

Con el aumento de bajas en ambos bandos en la guerra de Ucrania, el gobierno ruso utilizó al Grupo Wagner para el reclutamiento. La ONG "Meduza" informó de que el Ministerio de Defensa ruso se había hecho con el control de las redes de Wagner y utilizaba su reputación para el reclutamiento, pero que los requisitos se habían reducido, y al parecer tampoco se hacían pruebas de drogas antes del servicio. Según la inteligencia británica, desde julio de 2022 a más tardar, el Grupo Wagner ha estado intentando reclutar reclusos de las cárceles rusas para paliar la falta de cadetes. A cambio de aceptar combatir en Ucrania, a los criminales se les promete un acortamiento de la condena y una remuneración monetaria. El servicio ruso de la BBC informó de que, según los juristas, no es legal enviar reclusos a la guerra.

Al parecer, el Grupo Wagner reclutó a rebeldes de la UPC encarcelados en la República Centroafricana para luchar en Mali y Ucrania. Se les conoce como los "rusos negros".

Unidades

El Grupo Wagner incluye un contingente conocido como Rusich, o Grupo Operativo Rusich, denominado "grupo de sabotaje y reconocimiento de asalto", que ha estado luchando como parte de las fuerzas separatistas rusas en el este de Ucrania. Los Rusich se describen como una unidad de extrema derecha o neonazi, y en su logotipo figura una esvástica eslava. El grupo fue fundado por Alexey Milchakov y Yan Petrovsky en el verano de 2014, tras graduarse en un programa de entrenamiento paramilitar dirigido por la Legión Imperial Rusa, el brazo combatiente del Movimiento Imperial Ruso. En 2017, el fiscal general ucraniano y la Corte Penal Internacional (CPI) investigaban a combatientes de esta unidad por presuntos crímenes de guerra cometidos en Ucrania.

Unidad serbia

Se cree que Wagner tenía una unidad serbia, que estuvo, al menos hasta abril de 2016, bajo el mando de Davor Savičić, un serbio de Bosnia que fue miembro de la Guardia de Voluntarios Serbios (también conocida como *Tigres de Arkan*) durante la Guerra de Bosnia y de la Unidad de Operaciones Especiales (JSO) durante la Guerra de Kosovo. Su indicativo de llamada en Bosnia era "Elvis". Al parecer, Savičić llevaba sólo tres días en la región de Luhansk cuando un vehículo blindado de transporte de tropas BTR disparó contra su puesto de control, dejándole conmocionado. Tras ello, se marchó para recibir tratamiento. También se informó de que había participado en la primera ofensiva para capturar Palmira del Estado Islámico (ISIL) a principios de 2016.

Un miembro de la unidad serbia murió en Siria en junio de 2017, mientras que el SBU emitió órdenes de detención en diciembre de 2017, contra seis PMC serbios que pertenecían a Wagner y lucharon en Ucrania, incluido Savičić. A principios de febrero de 2018, el SBU informó de que un miembro serbio de Wagner, veterano del conflicto en Siria, había muerto mientras combatía en el este de Ucrania. En enero de 2023, el presidente serbio, Aleksandar Vučić, criticó a Wagner por reclutar a ciudadanos serbios y pidió a Rusia que pusiera fin a esta práctica, señalando que, según la legislación serbia, es ilegal que ciudadanos serbios participen en conflictos armados extranjeros.

Unidad Níðhöggr

Se ha informado de que el grupo Wagner cuenta con un pequeño grupo de ciudadanos noruegos y escandinavos integrados entre sus filas. La unidad recibe el nombre de "Níðhöggr", a veces también conocido como Nidhogg, en correlación con un dragón muy conocido en la mitología nórdica y que se ha visto en varios parches de esta unidad dentro del grupo Wagner.

Tras huir de Rusia el 13 de enero de 2023, el grupo Concord declaró que Andrey Medvedev trabajaba en el batallón noruego de la PMC de Wagner, que se llama Nidhogg.

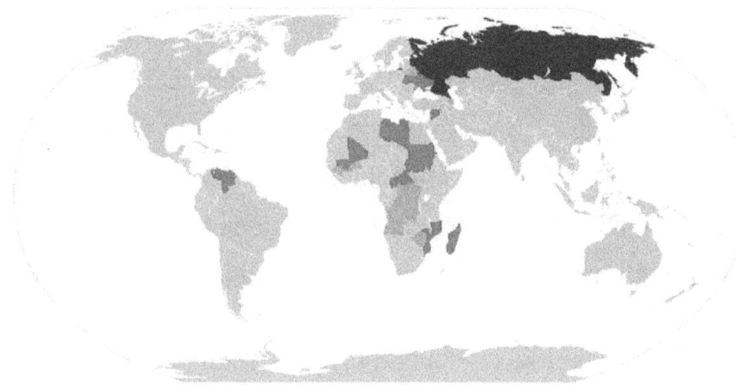

Tras huir de Rusia el 13 de enero de 2023, el grupo

Relaciones con el Estado ruso

Algunos observadores rusos y occidentales creen que la organización no existe realmente como empresa militar privada, sino que es en realidad una rama encubierta del Ministerio de Defensa ruso que depende en última instancia del gobierno ruso. La empresa comparte bases con el ejército ruso, es transportada por aviones militares rusos y utiliza los servicios sanitarios militares rusos. También está documentado que el Estado ruso apoya al Grupo Wagner con pasaportes.

La situación jurídica de las empresas militares privadas en Rusia es vaga: por un lado, la legislación rusa prohíbe explícitamente las "formaciones armadas ilegales y los grupos mercenarios", pero al mismo tiempo el Estado ruso no persigue a numerosas empresas militares privadas que emplean a rusos y operan en Rusia, entre ellas Wagner, aunque no exclusivamente. Viktor Ozerov insinuó en una ocasión que esta prohibición no se aplica a las empresas "registradas en el extranjero" y que, en tal caso, "Rusia no es legalmente responsable de nada". Esta vaguedad se interpretó como una herramienta que permite al Estado ruso permitir selectivamente las operaciones de las empresas militares y de seguridad que necesita, al tiempo que impide la creación de cualquier empresa militar y de seguridad que pueda crear un riesgo para Putin y, al mismo tiempo, lograr una negación plausible de sus acciones.

Como resultado, parece que varias empresas militares privadas han estado operando en Rusia, y en abril de 2012 Vladimir Putin, el entonces primer ministro ruso, hablando en la Duma Estatal, respaldó la idea de crear empresas militares privadas en Rusia. Varios analistas militares describieron a Wagner como una empresa militar "pseudo-privada" que ofrece al estamento militar ruso ciertas ventajas como garantizar una negación plausible, el secreto público sobre las operaciones militares de Rusia en el extranjero, así como sobre el número de bajas. Así, los contratistas de Wagner han sido descritos como "soldados fantasma", debido a que el gobierno ruso no los reconoce oficialmente.

En marzo de 2017, Radio Liberty describió a la PMC Wagner como una "formación militante semilegal que existe bajo el ala y con fondos del Ministerio de Defensa". En septiembre de 2017, el jefe del Servicio de Seguridad

24

de Ucrania (SBU) Vasyl Hrytsak dijo que, en su opinión, Wagner era en esencia "un ejército privado de Putin" y que el SBU estaba "trabajando en la identificación de estas personas, miembros de la PMC Wagner, para hacer pública esta información de manera que nuestros socios en Europa los conocieran personalmente". El Grupo Wagner también ha sido comparado con Academi, la empresa de seguridad estadounidense antes conocida como Blackwater.

Según el SBU, los empleados de Wagner recibieron pasaportes internacionales al por mayor del GRU a través de la Unidad de la Oficina Central de Migración 770-001 en la segunda mitad de 2018, acusaciones parcialmente verificadas por Bellingcat.

En una entrevista en diciembre de 2018, el presidente ruso Putin dijo, en relación con las operaciones de Wagner PMC en Ucrania, Siria y otros lugares, que "todo el mundo debe permanecer dentro del marco legal" y que si el grupo Wagner estaba violando la ley, la Fiscalía General de Rusia "debería proporcionar una evaluación legal". Pero, según Putin, si no violaban la ley rusa, tenían derecho a trabajar y promover sus intereses empresariales en el extranjero. El presidente también negó las acusaciones de que Yevgeny Prigozhin hubiera estado dirigiendo las actividades de Wagner.

En septiembre de 2022 Prigozhin admitió oficialmente haber fundado y dirigido el "Grupo Wagner", que comenzó como un batallón que participaba desde mayo de 2014 en el bando ruso en la guerra de Donbass.

Según el medio de investigación ruso "Russkiy Kriminal", el mando militar de "Wagner" lo ostenta directamente el GRU, incluido su actual jefe Igor Kostyukov y el antiguo jefe de la SSO rusa Aleksey Dyumin, mientras que Prigozhin es responsable de su administración empresarial. "Wagner" está poblada en su mayoría por operativos actuales y antiguos del GRU, y se utiliza para operaciones en las que la participación directa del GRU no es deseable. Los periodistas rusos también relacionan a Prigozhin con Yuri Kovalchuk y Sergey Kiryenko, ambos influyentes personajes cercanos a Putin. Al parecer, los intereses de "Wagner" en las estructuras oficiales del Ministerio de Defensa ruso están representados por el general Sergey Surovikin.

26

Las empresas militares privadas siguen siendo ilegales en Rusia, pero con su fuerte participación en la guerra de Ucrania han sido legitimadas al ser denominadas por el Ministerio de Defensa y el gobierno ruso con el término paraguas de "destacamentos de voluntarios".

El 5 de mayo de 2023, Yevgeny Prigozhin culpó al ministro de Defensa ruso, Sergei Shoigu, y al jefe de las fuerzas armadas rusas, el general Valery Gerasimov, de "decenas de miles" de bajas en Wagner, diciendo: "Vinieron aquí como voluntarios y están muriendo para que ustedes puedan sentarse como gatos gordos en sus oficinas de lujo."

En 2023, el gobierno ruso concedió el estatus de veteranos de combate a los contratistas de Wagner que participaron en la invasión rusa de Ucrania.En un vídeo publicado el 23 de junio de 2023, Prigozhin afirmó que las justificaciones del gobierno ruso para la invasión rusa de Ucrania se basaban en mentiras. Acusó al Ministerio de Defensa ruso bajo el mando de Shoigu de "intentar engañar a la sociedad y al presidente y decirnos que había una loca agresión por parte de Ucrania y que planeaban atacarnos con toda la OTAN".

27

El 24 de junio de 2023, el gobierno ruso acusó a Yevgeny Prigozhin de organizar un levantamiento armado tras amenazar con atacar a las fuerzas rusas en respuesta a un supuesto ataque aéreo contra sus soldados paramilitares. Las fuerzas de seguridad rusas acusaron al fundador del grupo Wagner de lanzar un intento de golpe de Estado al prometer una "marcha de la justicia" contra el ejército ruso. Prigozhin publicó una nota de voz en la que afirmaba que Wagner había abandonado Ucrania y avanzaba hacia la ciudad rusa de Rostov del Don. Altos generales rusos instaron a los combatientes de Wagner a retirarse. Mientras tanto, el servicio de seguridad nacional ruso, el FSB, declaró que había presentado cargos penales contra Prigozhin y procedido a su detención. Prigozhin afirmó que las fuerzas mercenarias de Wagner entraron en Rostov sin oponer resistencia. Un acuerdo negociado por el Presidente bielorruso Alexander Lukashenko desescaló el golpe. Según el acuerdo, Prigozhin debía abandonar Rusia y trasladarse a Bielorrusia, y la causa penal contra él debía archivarse. No se emprendería ninguna acción legal contra sus tropas, y los combatientes de Wagner firmarían contratos con el Ministerio de Defensa ruso.

28

Sanciones contra el Grupo Wagner

Prigozhin fue sancionado por el Departamento del Tesoro de Estados Unidos en diciembre de 2016 por la implicación de Rusia en el conflicto de Ucrania, y por la Unión Europea (UE) y el Reino Unido en octubre de 2020 por vínculos con actividades de Wagner en Libia.

El Departamento del Tesoro de Estados Unidos también impuso sanciones al Grupo Wagner y a Utkin personalmente en junio de 2017. La designación de la Oficina de Control de Activos Extranjeros del Departamento del Tesoro de Estados Unidos incluyó a la empresa y a Dmitriy Utkin en el epígrafe "Designaciones de separatistas ucranianos (E.O. 13660)" y se refirió a él como "fundador y líder de PMC Wagner". En septiembre de 2018 y julio de 2020 se aplicaron nuevas sanciones contra el Grupo Wagner. En diciembre de 2021, la UE impuso sanciones contra el Grupo Wagner y ocho personas y tres entidades relacionadas con él, por cometer "graves abusos contra los derechos humanos, incluidas torturas y ejecuciones y asesinatos extrajudiciales, sumarios o arbitrarios, o en actividades desestabilizadoras en algunos de los países en los que operan, como Libia, Siria, Ucrania (Donbás) y la República Centroafricana."

Tras la invasión militar rusa de Ucrania el 24 de febrero de 2022, Canadá, Australia, Japón, Suiza y Nueva Zelanda sancionaron al grupo. Además, a finales de enero de 2023, Estados Unidos anunció que designaría a Wagner como "organización delictiva transnacional significativa", lo que permitiría aplicar sanciones aún más duras contra el grupo.

A principios de 2023, se informó de que Estados Unidos estaba trabajando con Egipto y los Emiratos Árabes Unidos (EAU) para presionar a los líderes militares de Sudán y Libia para que pusieran fin a su relación con el Grupo Wagner y los expulsaran de los países. El Grupo Wagner había apoyado a los aliados de los EAU y Arabia Saudí en Sudán y Libia. Además, las empresas militares privadas de Wagner en Libia estaban financiadas principalmente por los EAU.

Actividades del Grupo Wagner

Ucrania

Wagner ha desempeñado un papel importante en la invasión rusa de Ucrania, donde al parecer se ha desplegado para asesinar a dirigentes ucranianos, entre otras actividades, y para lo cual ha reclutado a presos de cárceles rusas para combatir en primera línea. En diciembre de 2022, el Coordinador de Comunicaciones Estratégicas del Consejo de Seguridad Nacional de Estados Unidos, John Kirby, afirmó que Wagner tenía 50.000 combatientes en Ucrania, incluidos 10.000 contratistas y 40.000 presos. Otros sitúan el número de prisioneros reclutados en más de 20.000, estimándose en 20.000 el número total de fuerzas de la PMC presentes en Ucrania. En 2023, Rusia concedió el estatus de veterano de combate a los contratistas de Wagner que participaron en la invasión.

Las empresas militares privadas de Wagner actuaron por primera vez en febrero de 2014 en Crimea, durante la anexión rusa de la península en 2014, donde operaron en línea con las unidades regulares del ejército ruso, desarmaron al ejército ucraniano y se hicieron con el control de las instalaciones. La toma de Crimea fue casi incruenta. Las PMC, junto con los soldados regulares, fueron llamadas "gente educada" en su momento debido a su comportamiento bien educado. Eran reservados, llevaban armas que no estaban cargadas y, en general, no se esforzaban por interferir en la vida civil. También se les llamaba "hombrecillos verdes", ya que iban enmascarados, vestían uniformes verdes del ejército sin marcar y su origen era inicialmente desconocido.

Tras la toma de Crimea, unas 300 PMC se desplazaron a la región de Donbás, en el este de Ucrania, donde comenzó un conflicto entre el gobierno ucraniano y las fuerzas prorrusas. Con su ayuda, las fuerzas prorrusas lograron desestabilizar a las fuerzas de seguridad gubernamentales de la región, inmovilizar las operaciones de las instituciones gubernamentales locales, apoderarse de los depósitos de munición y tomar el control de las ciudades. Las PMC llevaron a cabo ataques furtivos, reconocimientos, recopilación de información y acompañamiento de personalidades. Al parecer, las PMC del Grupo Wagner participaron en el derribo del avión Il-76 en el aeropuerto internacional de Luhansk en junio de

33

2014 y en la batalla de Debaltseve a principios de 2015, en la que se produjo uno de los bombardeos de artillería más intensos de la historia reciente, así como, al parecer, cientos de soldados rusos regulares.

Al parecer, tras el fin de las principales operaciones de combate, las PMC recibieron el encargo de matar a los comandantes prorrusos disidentes que actuaban de forma rebelde, según los medios de comunicación nacionalistas rusos en Internet Sputnik y Pogrom y el SBU. Según el SBU y los medios de comunicación rusos, Wagner también forzó la reorganización y el desarme de formaciones rusas de cosacos y de otro tipo. Las PMC actuaron sobre todo en la LPR. La LPR acusó a Ucrania de cometer los asesinatos, mientras que los miembros de las unidades de los comandantes creían que eran las autoridades de la LPR quienes estaban detrás de los asesinatos. Wagner abandonó Ucrania y regresó a Rusia en otoño de 2015, con el inicio de la intervención militar rusa en la guerra civil siria.

A finales de noviembre de 2017, estalló una lucha de poder en la separatista República Popular de Luhansk, en el este de Ucrania, entre el presidente de la LPR, Igor

Plotnitsky, y el ministro del Interior de la LPR, Igor Kornet, a quien Plotnitsky ordenó destituir. Durante la agitación, hombres armados con uniformes sin distintivos tomaron posiciones en el centro de Luhansk. Algunos de los hombres pertenecían a Wagner, según la compañía Janes. Al final, Plotnitsky dimitió y el ministro de Seguridad de la LPR, Leonid Pasechnik, fue nombrado líder en funciones "hasta las próximas elecciones". Al parecer, Plotnitsky huyó a Rusia y el Consejo Popular de la LPR aprobó por unanimidad la dimisión de Plotnitsky. En octubre de 2018, unas pocas docenas de PMC permanecían en la región de Luhansk, según el SBU, para matar a cualquier persona considerada "indeseable por Rusia".

El Times informó de que el Grupo Wagner hizo volar a más de 400 contratistas desde la República Centroafricana a mediados o finales de enero de 2022 con la misión de asesinar al presidente ucraniano Volodymyr Zelenskyy y a miembros de su gobierno, y preparar así el terreno para que Rusia tomara el control de la invasión rusa de Ucrania, que comenzó el 24 de febrero de 2022. Un funcionario estadounidense declaró que había "algunos indicios" de que se estaba empleando a Wagner,

35

pero no estaba claro dónde ni cuánto. El 3 de marzo, según *The Times*, Zelenskyy había sobrevivido a tres intentos de asesinato, dos de los cuales habrían sido orquestados por el Grupo Wagner.

A finales de marzo, se esperaba que el número de PMC de Wagner en Ucrania se triplicara, pasando de unas 300 al principio de la invasión a al menos 1.000, y que se centraran en la región de Donbás, en el este de Ucrania. A finales de abril, se lanzó una ofensiva militar rusa para tomar el resto de la región de Donbás, bautizada como la batalla de Donbás, y las PMC de Wagner participaron en la batalla de Popasna, la toma de Svitlodarsk, la batalla de Sievierodonetsk y la batalla de Lisychansk. El 20 de mayo, durante los combates cerca de Popasna, el general de división retirado Kanamat Botashev, de las Fuerzas Aéreas rusas, fue derribado mientras pilotaba un avión de ataque Sukhoi Su-25, al parecer para el Grupo Wagner.

Durante la invasión, las PMC de Wagner también entrenaron a militares rusos antes de enviarlos al frente.

Desde principios de julio, los reclusos reclutados por Wagner, incluido Prighozin personalmente, en las cárceles rusas empezaron a participar en la invasión de Ucrania. A los reclusos se les ofrecían 100.000 o 200.000 rublos y amnistía por seis meses de "servicio voluntario", o 5 millones para sus familiares si morían. El 5 de enero de 2023, el primer grupo de 24 presos reclutados por Wagner para luchar en Ucrania terminó sus contratos de seis meses y fueron liberados con amnistía total por sus crímenes pasados.

Durante la batalla de Bajmut, a finales de septiembre, murió Aleksey Nagin, alto comandante de Wagner. Nagin combatió anteriormente con Wagner en Siria y Libia, y antes participó en la Segunda Guerra de Chechenia y en la Guerra Ruso-Georgiana. Se le concedió a título póstumo el título de Héroe de la Federación Rusa. El 22 de diciembre, el Coordinador de Comunicaciones Estratégicas del Consejo de Seguridad Nacional de Estados Unidos, John Kirby, afirmó que unos 1.000 combatientes wagnerianos habían muerto en los combates de Bajmut durante las semanas anteriores, entre ellos unos 900 convictos reclutados. Soldados ucranianos y antiguos prisioneros de guerra describieron el uso de convictos reclutados en Bajmut como un "cebo", ya que se enviaban convictos mal armados y poco entrenados en ataques de oleadas humanas para atraer y exponer las posiciones ucranianas al ataque de unidades más experimentadas o de la artillería.

A mediados de enero de 2023, el Grupo Wagner capturó la ciudad salinera de Soledar tras intensos combates. Durante la batalla, Wagner rodeó a las tropas ucranianas en el centro de la ciudad. Cientos de soldados rusos y ucranianos murieron en la batalla por Soledar. Varios días después, Wagner capturó Klishchiivka, al sur de Bajmut, tras lo cual continuó avanzando hacia el oeste del asentamiento.

Una estimación estadounidense de mediados de febrero de 2023, situaba el número de bajas de la PMC Wagner en la invasión en unas 30.000, de las cuales unas 9.000 muertas. Los EE.UU. estimaron que la mitad de esas muertes se produjeron desde mediados de diciembre, y que el 90 por ciento de los combatientes Wagner que habían muerto desde diciembre eran convictos. Al mismo tiempo, el Ministerio de Defensa británico estimó que los convictos reclutados por Wagner habían sufrido un índice de bajas de hasta el 50 por ciento.

Rusia

El 23 de junio de 2023, Prigozhin lanzó una rebelión armada tras acusar al ejército ruso de matar a las fuerzas de Wagner. Las unidades de Wagner se retiraron de Ucrania y tomaron la ciudad de Rostov del Don, en Rusia. Un convoy de fuerzas de Wagner se dirigió entonces hacia Moscú, intentando llegar a la capital antes de que pudiera ser interceptado por las fuerzas regulares leales al gobierno. La rebelión fue abruptamente detenida el 24 de junio por un acuerdo mediado por el presidente bielorruso Alexander Lukashenko.El Grupo Wagner apareció por primera vez en Ucrania en 2014, donde participó en la anexión de Crimea. El grupo también estuvo activo en 2014, luchando con los separatistas apoyados por Rusia en la región ucraniana de Luhansk.

Siria

La presencia de las PMC en Siria se denunció por primera vez a finales de octubre de 2015, casi un mes después del inicio de la intervención militar rusa en la guerra civil del país, cuando entre tres y nueve PMC murieron en un ataque rebelde con mortero contra su posición en la provincia de Latakia. Se informó de que el Grupo Wagner estaba contratado por el Ministerio de Defensa ruso, a pesar de que las empresas militares privadas son ilegales en Rusia. El Ministerio de Defensa ruso desestimó las primeras informaciones de *The Wall Street Journal* sobre las operaciones del Grupo Wagner en Siria calificándolas de "ataque informativo". Sin embargo, fuentes del FSB ruso y del Ministerio de Defensa declararon extraoficialmente para *RBTH* que Wagner estaba supervisado por el GRU.

Las PMC de Wagner participaron especialmente en las ofensivas de Palmira en 2016 y 2017, así como en la campaña del Ejército sirio en Siria central en el verano de 2017 y en la batalla de Deir ez-Zor a finales de 2017. Desempeñaron el papel de asesores en primera línea, coordinadores de fuego y movimiento, controladores aéreos de vanguardia que proporcionaron orientación al apoyo aéreo cercano y a las "tropas de choque" junto al Ejército sirio.

Además de combatir a los militantes del ISIL, según RBK TV, las PMC entrenaron a una unidad del Ejército sirio llamada Cazadores del ISIS, que también fue totalmente financiada y entrenada por las fuerzas especiales rusas.

A principios de febrero de 2018, las PMC participaron en una batalla en la localidad de Khasham, en el este de Siria, que se saldó con numerosas bajas entre las fuerzas gubernamentales sirias y el Grupo Wagner al verse enfrentadas por ataques aéreos y de artillería de Estados Unidos, debido a lo cual el incidente fue calificado por los medios de comunicación como "el primer enfrentamiento mortal entre ciudadanos de Rusia y Estados Unidos desde la Guerra Fría".

Posteriormente, el Grupo Wagner participó en la ofensiva militar siria de Rif Dimashq contra la Ghouta Oriental, controlada por los rebeldes, al este de Damasco. Toda la región de Ghouta Oriental fue capturada por las fuerzas gubernamentales el 14 de abril de 2018, poniendo fin de manera efectiva a la rebelión de casi 7 años cerca de Damasco.

Las PMC también participaron en la ofensiva del Ejército sirio en el noroeste de Siria que tuvo lugar a mediados de 2019. A finales de diciembre de 2021, las PMC de Wagner seguían participando en operaciones militares contra células del EIIL en el desierto sirio.

El 15 de marzo de 2023, el Observatorio Sirio de Derechos Humanos afirmó que 266 PMC rusos habían muerto en Siria durante la guerra civil.

Sudán

En una entrevista concedida a *The Insider* en diciembre de 2017, el veterano oficial ruso Igor Strelkov afirmó que las PMC de Wagner estaban presentes en Sudán del Sur y posiblemente en Libia. Varios días antes de que se publicara la entrevista, Strelkov afirmó que las PMC de Wagner se estaban preparando para ser enviadas desde Siria a Sudán o Sudán del Sur después de que el presidente de Sudán, Omar al-Bashir, dijera al presidente de Rusia, Putin, que su país necesitaba protección "frente a las acciones agresivas de Estados Unidos".

En Sudán hay dos conflictos internos desde hace años (en la región de Darfur y en los estados de Kordofán del Sur y Nilo Azul), mientras que en Sudán del Sur hay una guerra civil desde 2013. El director de la empresa privada rusa *RSB-group* dijo que había oído que las empresas militares privadas ya habían viajado a Sudán y habían regresado con una forma grave de malaria. Varias docenas de PMC de *RSB-group fueron* enviadas a Libia a principios de 2017, a una instalación industrial cerca de la ciudad de Bengasi, en una zona controlada por las fuerzas leales al mariscal de campo Khalifa Haftar, para apoyar las operaciones de desminado. Se marcharon en febrero tras completar su misión. El *grupo RSB* se encontraba en Libia a petición de la *Compañía Libia de Cemento* (LCC).

A mediados de diciembre de 2017, salió a la luz un vídeo que mostraba a las PMC de Wagner entrenando a miembros del ejército sudanés, confirmando así la presencia de Wagner en Sudán y no en Sudán del Sur. Las PMC fueron enviadas a Sudán para apoyarlo militarmente contra Sudán del Sur y proteger las minas de oro, uranio y diamantes, según Sergey Sukhankin, experto asociado del ICPS y becario de la Jamestown Foundation. Sukhankin declaró que la protección de las minas era el "bien más esencial" y que las PMC fueron enviadas para "negociar condiciones beneficiosas para las empresas rusas".

Al parecer, las empresas militares privadas en Sudán eran 300 y trabajaban bajo la tapadera de "M Invest", una empresa vinculada a Yevgeny Prigozhin. "M Invest" firmó un contrato con el Ministerio de Defensa ruso para el uso de aviones de transporte de la 223ª Unidad de Vuelo de la Fuerza Aérea rusa y, entre abril de 2018 y febrero de 2019, dos aviones de la 223ª realizaron al menos nueve vuelos a la capital sudanesa de Jartum. Entre los

44

contratistas de Wagner en Sudán había antiguos ciudadanos ucranianos que fueron reclutados en Crimea, según el SBU. En 2018, se informó del envío de 500 PMC a la región sudanesa de Darfur para entrenar a los militares.

A finales de enero de 2019, después de que estallaran las protestas en Sudán a mediados de diciembre de 2018, la prensa británica hizo acusaciones de que las empresas militares privadas estaban ayudando a las autoridades sudanesas a reprimir a los manifestantes. Durante los primeros días de las protestas, manifestantes y periodistas informaron de que grupos de extranjeros se habían reunido cerca de los principales puntos de concentración. El Ministerio de Asuntos Exteriores ruso lo negó, aunque confirmó que había contratistas en Sudán para entrenar al ejército sudanés. El SBU citó a 149 empresas militares privadas que, según dijo, participaron en la represión de las protestas, así como a dos que, al parecer, murieron en los enfrentamientos. Entre 30 y 40 personas murieron durante las protestas, entre ellas dos miembros del personal de seguridad. Más de 800 manifestantes fueron detenidos. Mientras tanto, Francia acusó a las PMC de tener una "presencia fuerte y activa" en las redes sociales

45

y de estar impulsando una fuerte "retórica antifrancesa" en la RCA.

Tras el derrocamiento de Omar al-Bashir en un golpe de Estado el 11 de abril de 2019, Rusia siguió apoyando al Consejo Militar de Transición (CMP) que se estableció para gobernar Sudán, ya que el CMP acordó mantener los contratos de Rusia en los sectores de defensa, minería y energía de Sudán. Esto incluía la formación de oficiales militares sudaneses por parte de las PMC. Las operaciones del Grupo Wagner se hicieron más esquivas tras el derrocamiento de al-Bashir. Siguieron trabajando sobre todo con las Fuerzas de Apoyo Rápido (RSF) de Sudán. Se decía que Wagner estaba vinculado al vicepresidente del TMC y comandante de las RSF, el general Mohamed Hamdan Dagalo.

En mayo de 2019, Rusia firmó un acuerdo militar con Sudán que, entre otras cosas, facilitaría la entrada de buques de guerra rusos en puertos sudaneses. En noviembre de 2020 se firmó un nuevo proyecto de acuerdo, que daría lugar a la creación de un centro logístico naval ruso y un astillero de reparaciones en la costa sudanesa del Mar Rojo que albergaría hasta 300 personas. Se espera que el acuerdo tenga una vigencia de 25 años, a menos que alguna de las partes se oponga a su renovación.

En abril de 2020, se informó de que la empresa "Meroe Gold", relacionada con Wagner, planeaba enviar equipos de protección personal, medicamentos y otros equipos a Sudán en medio de la pandemia de coronavirus. Tres meses después, Estados Unidos sancionó a la empresa "M Invest", así como a su filial sudanesa "Meroe Gold" y a dos personas clave para las operaciones de Wagner en Sudán, por la represión y el descrédito de los manifestantes.

Tras el golpe de Estado sudanés de octubre-noviembre de 2021, el apoyo ruso a la administración militar establecida en Sudán se hizo más abierto y los lazos ruso-sudaneses, junto con las actividades de Wagner, siguieron ampliándose incluso después de la invasión rusa de Ucrania en 2022, que provocó la condena de Estados Unidos, Reino Unido y Noruega. El Grupo Wagner obtuvo lucrativas concesiones mineras. A 16 kilómetros (10 mi) de la ciudad de Abidiya, en la zona rica en oro del noreste de Sudán, se instaló una mina de oro operada por Rusia que

47

se pensó que era un puesto avanzado del Grupo Wagner. Más al este, Wagner apoyó los intentos de Rusia de construir una base naval en el Mar Rojo. Utilizó la región occidental sudanesa de Darfur como punto de escala para sus operaciones en otros países vecinos, la República Centroafricana, Libia y partes de Chad. Geólogos de la empresa "Meroe Gold", vinculada a Wagner, también visitaron Darfur para evaluar su potencial de uranio.

A mediados de abril de 2023, estallaron enfrentamientos en Sudán entre las Fuerzas Armadas Sudanesas (SAF), ampliamente leales al general Abdel Fattah al-Burhan, y las RSF, que seguían al general Dagalo. Posteriormente, algunas fuentes diplomáticas sudanesas y regionales afirmaron que el Grupo Wagner había proporcionado misiles tierra-aire a las RSF contra las SAF. Prigozhin negó haber apoyado a las RSF, afirmando que la empresa no está presente en Sudán desde hace más de dos años. El jefe del ejército sudanés, Abdel Fattah al-Burhan, declaró que "hasta ahora no ha habido ninguna confirmación sobre el apoyo del Grupo Wagner a las RSF".

República Centroafricana

48

En 2018, la empresa militar privada rusa (PMC) Wagner desplegó su personal en la RCA, supuestamente para proteger minas lucrativas, apoyar al gobierno de la RCA y proporcionar protección cercana al presidente, Faustin-Archange Touadéra. También se suponía que las PMC llenarían el vacío de seguridad dejado por la retirada de Francia. Sin embargo, su despliegue se produjo a pesar del embargo de armas en vigor desde 2013.

En mayo de 2018, se informó de que el número de CMP de Wagner en la RCA era de 1.400, mientras que otra CMP rusa llamada Patriot se encargaba de proteger a personalidades. La presencia de Wagner en el país ha sido controvertida, ya que algunos les acusan de abusos contra los derechos humanos y de exacerbar el conflicto. El gobierno ruso ha negado cualquier implicación, afirmando que las PMC trabajan por su cuenta.

En diciembre de 2018, el Servicio de Seguridad de Ucrania informó que la estructura paraguas de Wagner en la RCA es una firma comercial afiliada a Yevgeny Prigozhin - M-Finance LLC Security Service de San Petersburgo, cuyas principales áreas de actividad son la minería de piedras preciosas y los servicios de seguridad privada. Según el SBU, algunos de los PMC fueron transportados a África directamente en el avión privado de Prigozhin. Prigozhin es un estrecho aliado del Presidente ruso Vladimir Putin y ha sido sancionado por el gobierno de Estados Unidos por su presunta implicación en interferencias electorales y otras actividades malignas.

En 2021, la situación en la República Centroafricana se había deteriorado aún más, con los rebeldes atacando y capturando la cuarta ciudad más grande del país. En respuesta, Rusia envió otros 300 instructores militares al país para entrenar a las fuerzas gubernamentales y prestarles apoyo. La presencia de Wagner y otras empresas militares privadas rusas en la República Centroafricana ha suscitado preocupación por la creciente influencia de Rusia en África y su voluntad de desacatar el derecho internacional.

En septiembre de 2022, The Daily Beast entrevistó a supervivientes y testigos de otra masacre cometida por el Grupo Wagner en la aldea de Bèzèrè en diciembre de 2021, en la que se torturó, asesinó y destripó a varias mujeres, incluidas embarazadas.

A mediados de enero de 2023, el Grupo Wagner sufrió bajas relativamente importantes al lanzarse una nueva ofensiva militar gubernamental cerca de la frontera de la RCA con Camerún y Chad. También estallaron combates cerca de la frontera con Sudán. Los rebeldes afirmaron que entre las decenas de bajas había entre siete y 17 PMC de Wagner. Una fuente militar de la RCA también confirmó que siete contratistas de Wagner murieron en una emboscada.

Según una investigación conjunta y un informe de 2022 de European Investigative Collaborations (EIC), la organización francesa *All Eyes on Wagner* y la británica *Dossier Center*, Wagner Group controla desde 2019 la empresa comercializadora de diamantes Diamville en República Centroafricana.

Madagascar

El grupo de medios de comunicación independientes The *Project* informó de que Wagner PMC llegó a Madagascar en abril de 2018, para custodiar a los consultores políticos que fueron contratados por Yevgeny Prigozhin para acompañar la campaña presidencial del entonces presidente Hery Rajaonarimampianina para las próximas elecciones. Rajaonarimampianina perdió el intento de reelección, quedando tercero en la primera vuelta de las votaciones, aunque se dice que los asesores de Prigozhin también habían trabajado con varios de los otros candidatos en los meses anteriores a las elecciones. Cerca del final de la campaña, los estrategas también ayudaron al ganador final de las elecciones, Andry Rajoelina, que también contaba con el apoyo de Estados Unidos y China. Se dice que uno de los últimos actos de la administración de Rajaonarimampianina fue facilitar la adquisición por parte de una empresa rusa del productor nacional de cromita de Madagascar "Kraoma" y se informó de que las PMC de Wagner custodiaban las minas de cromo a partir de octubre de 2018.

Entre los asesores de los distintos candidatos presidenciales se encontraba también Konstantin Pikalov, asignado inicialmente como jefe de seguridad de la campaña del candidato Pastor Mailhol, de la Iglesia del Apocalipsis de Madagascar. Sin embargo, cuando quedó claro que Andry Rajoelina era el favorito para ganar las elecciones, Pikalov fue trasladado para ser guardaespaldas de Rajoelina.

Libia

La presencia del grupo en Libia se denunció por primera vez en octubre de 2018, cuando The Sun afirmó que se habían establecido bases militares rusas en Bengasi y Tobruk en apoyo del mariscal de campo Jalifa Haftar, que dirige el Ejército Nacional Libio (ENL). Se decía que el grupo estaba proporcionando entrenamiento y apoyo a las fuerzas de Haftar, y también se pensaba que se habían instalado misiles y sistemas SAM rusos en Libia.

El gobierno ruso negó el informe, pero RBK TV confirmó el despliegue militar ruso en Libia. A principios de marzo de 2019, alrededor de 300 PMC de Wagner estaban en Bengasi apoyando a Haftar, según una fuente del gobierno británico. El LNA realizó grandes avances en el sur del país, capturando varias ciudades en rápida sucesión, incluida la ciudad de Sabha y el mayor yacimiento petrolífero de Libia. Tras la campaña del sur, el LNA lanzó una ofensiva contra la capital, Trípoli, controlada por el Gobierno de Acuerdo Nacional (GNA), pero la ofensiva se estancó a las dos semanas en las afueras de la ciudad debido a la fuerte resistencia.

Los informes sugerían que mercenarios rusos del Grupo Wagner estaban luchando del lado de las fuerzas de Haftar, proporcionando apoyo de artillería, utilizando francotiradores y colocando minas y artefactos explosivos improvisados. También se dice que estaban equipados con obuses guiados por láser y que utilizaban munición de punta hueca, contraviniendo las normas de guerra. Se estableció un cuartel general de Wagner en un hospital de la ciudad de Esbia, donde se afirmó que las PMC habían detenido y disparado a la familia de un hombre que había tropezado con los contratistas por error. La GNA declaró que dos rusos detenidos por sus fuerzas a principios de julio trabajaban para el Grupo Wagner y estaban implicados en "asegurar una reunión" con Saif al-Islam Gadafi.

A mediados de noviembre, el número de empresas militares privadas de Wagner en Libia había aumentado a 1.400, según varios funcionarios occidentales. El Congreso estadounidense preparaba sanciones bipartidistas contra las PMC en Libia, y un dron militar estadounidense fue derribado sobre Trípoli, alegando Estados Unidos que fue derribado por defensas aéreas rusas operadas por PMC rusas o por el LNA. Se calcula que unos 25 militares de Wagner murieron en un ataque con dron en septiembre de 2020, aunque el gobierno ruso negó cualquier implicación. El GNA recapturó finalmente Trípoli en junio de 2020, lo que condujo a un acuerdo de alto el fuego en octubre de 2020.

El 31 de mayo de 2022, Human Rights Watch afirmó que la información procedente de organismos libios y grupos de desminado vinculaba al Wagner Group con el uso de minas terrestres y trampas explosivas prohibidas en Libia. Estas minas mataron al menos a tres desminadores libios antes de que se identificara la ubicación de las minas.

Venezuela

A finales de enero de 2019, *Reuters* informó de que los PMC de Wagner habían llegado a Venezuela durante la crisis presidencial que se estaba desarrollando. Fueron enviados para proporcionar seguridad al presidente Nicolás Maduro, que se enfrentaba a las protestas de la oposición como parte de la crisis socioeconómica y política que se había apoderado de Venezuela desde 2010. El líder de una sección local de un grupo paramilitar de cosacos vinculado a las PMC informó de que unos 400 contratistas podrían haber estado en Venezuela en ese momento. Se dijo que las empresas militares privadas volaron en dos aviones fletados a La Habana (Cuba), desde donde tomaron vuelos comerciales regulares a Venezuela.

Una fuente anónima rusa cercana al Grupo Wagner afirmó que otro grupo de PMC ya había llegado antes de las elecciones presidenciales de mayo de 2018. Antes del estallido de las protestas de 2019, las PMC estaban en Venezuela principalmente para proporcionar seguridad a los intereses empresariales rusos, como la compañía energética rusa Rosneft. Ayudaron en el entrenamiento de la Milicia Nacional Venezolana y los paramilitares Colectivos pro-Maduro en 2018. El embajador ruso en Venezuela, Vladimir Zayemsky negó el informe de la existencia de Wagner en Venezuela.

Mozambique

A principios de agosto de 2019, el Grupo Wagner obtuvo un contrato con el gobierno de Mozambique por encima de otras dos empresas militares privadas, OAM y Black Hawk, al ofrecer sus servicios por un coste inferior. A finales de ese mes, el gobierno de Mozambique aprobó una resolución que ratifica el acuerdo de abril de 2018 sobre la entrada de buques militares rusos en los puertos nacionales. El 13 de septiembre, 160 PMC del Grupo Wagner llegaron en un avión de carga ruso An-124 al país para prestar asistencia técnica y táctica a las Fuerzas Armadas de Defensa de Mozambique (FADM) y se estacionaron en tres cuarteles militares en las provincias norteñas de Nampula, Macomia y Mueda.

El 25 de septiembre, un segundo avión de carga ruso aterrizó en la provincia de Nampula y descargó armas de gran calibre y municiones pertenecientes al Grupo Wagner, que fueron transportadas a la provincia de Cabo Delgado, donde, desde el 5 de octubre de 2017, tenía lugar una insurgencia islamista. Al menos uno de los dos aviones de carga pertenecía a la 224ª Unidad de Vuelo de la Fuerza Aérea rusa. En total, 200 PMC, incluidas tropas de élite, tres helicópteros de ataque y tripulación llegaron a Mozambique para proporcionar el entrenamiento y el apoyo de combate en Cabo Delgado, donde los militantes islamistas habían quemado aldeas, llevado a cabo decapitaciones y desplazado a cientos de personas.

57

A partir del 5 de octubre, el ejército mozambiqueño llevó a cabo con éxito varias operaciones, en colaboración con las PMC, contra los insurgentes a lo largo de la frontera con Tanzania. Al comienzo de las operaciones, un comandante de unidad de las PMC con el indicativo de llamada "Granit" resultó muerto y otros dos PMC heridos cuando su unidad fue emboscada por una fuerza de 60 insurgentes. Durante estas operaciones, los militares y las PMC bombardearon bases insurgentes en dos zonas, empujándolas hacia los bosques. En ese momento, los insurgentes lanzaron ataques contra dos bases, durante los cuales murieron más de 35 insurgentes y tres PMC. Mientras tanto, el 8 de octubre, un barco ruso entró en el puerto de Nacala cargado con algo más de 17 contenedores de diferentes tipos de armas, especialmente explosivos, que fueron transportados al campo de batalla. Rusia, por su parte, negó tener tropas en Mozambique.

Tras la llegada de los PMC, el EIIL reforzó las fuerzas yihadistas en Mozambique, lo que provocó un aumento del número de atentados de militantes. Los días 10 y 27 de octubre se produjeron dos emboscadas en las que murieron siete PMC. En la emboscada de finales de octubre, además de cinco PMC, murieron 20 soldados mozambiqueños cuando los militantes islámicos levantaron una barricada en la carretera a la llegada de un convoy militar de las FADM. Cuatro de los cinco PMC murieron por disparos y luego fueron decapitados. En el ataque se quemaron tres vehículos. Al parecer, algunas de las muertes ocurridas durante los combates en Mozambique fueron consecuencia de un incidente de "fuego amigo".

A mediados de noviembre, dos fuentes militares mozambiqueñas describieron las crecientes tensiones entre Wagner y las FADM tras una serie de operaciones militares fallidas, y una de ellas afirmó que las patrullas conjuntas casi habían cesado. Analistas, mercenarios y expertos en seguridad, incluidos los jefes de OAM y Black Hawk, que operan en el África subsahariana, opinaban que Wagner tenía dificultades en Mozambique, ya que operaban en un teatro en el que no tenían mucha experiencia. Según John Gartner, jefe de la OAM y antiguo soldado de Rodesia, el Grupo Wagner estaba "fuera de su alcance" en Mozambique. Al mismo tiempo, Dolf Dorfling, fundador de Black Hawk y antiguo coronel sudafricano, declaró que algunas fuentes le habían

59

informado de que el Grupo Wagner había empezado a buscar expertos militares locales.

Hacia finales de ese mes, se informó de que 200 PMC se habían retirado de Mozambique, tras las muertes entre sus combatientes. Aun así, a finales de noviembre, los combatientes y el equipo rusos seguían presentes en la ciudad portuaria de Pemba y también tenían su base en la ciudad costera de Mocímboa da Praia. Las PMC también se habían retirado a Nacala para reorganizarse.

A principios de 2020, el número de atentados en Cabo Delgado se disparó, con 28 a lo largo de enero y principios de febrero. La violencia se extendió a nueve de los 16 distritos de la provincia. Los ataques incluyeron decapitaciones, secuestros masivos y aldeas quemadas hasta los cimientos. La mayoría de los ataques fueron perpetrados por militantes, pero algunos también fueron realizados por bandidos. El 23 de marzo, los militantes capturaron la ciudad clave de Mocimboa de Praia, en Cabo Delgado. Dos semanas después, los insurgentes lanzaron ataques contra media docena de pueblos de la provincia.

El 8 de abril, el ejército lanzó ataques con helicópteros contra bases de militantes en dos distritos. El periodista Joseph Hanlon publicó una fotografía en la que se veía uno de los helicópteros de combate que participaron en el ataque y afirmó que estaba tripulado por empresas militares privadas Wagner. Sin embargo, otras dos fuentes citadas por el Daily Maverick afirmaron que los contratistas pertenecían a la empresa militar privada sudafricana Dyck Advisory Group (DAG) y que el Grupo Wagner se había retirado de Mozambique en marzo.

Mali

A mediados de septiembre de 2021, según fuentes diplomáticas y de seguridad, estaba a punto de cerrarse un acuerdo que permitiría al Grupo Wagner operar en Mali. Según fuentes contradictorias, se desplegarían al menos 1.000 PMC o menos en Mali, que vive una guerra civil desde 2012, y se pagaría al Grupo Wagner unos 6.000 millones de francos CFA al mes por entrenar a los militares malienses y proporcionar protección a los funcionarios del gobierno. Francia, que anteriormente gobernaba Malí como colonia, estaba realizando gestiones diplomáticas para impedir la promulgación del acuerdo.

Desde finales de mayo de 2021, Malí está gobernado por una junta militar que llegó al poder tras un golpe de Estado. En respuesta, el primer ministro de Malí, Choguel Kokalla Maïga, declaró en su discurso ante la Asamblea General de la ONU: "La nueva situación resultante del fin de la operación Barkhane pone a Malí ante un hecho consumado -abandonándonos, en cierto modo, a mitad de camino- y nos lleva a explorar vías y medios para garantizar mejor nuestra seguridad de forma autónoma, o con otros socios".

El Reino Unido, la Unión Europea y Costa de Marfil también advirtieron a Mali de que no se comprometiera en un acuerdo con el Grupo Wagner. Aún así, el 30 de septiembre, Mali recibió un cargamento de cuatro helicópteros Mil Mi-17, así como armas y municiones, como parte de un contrato acordado en diciembre de 2020. El envío fue recibido por el ministro de Defensa de Mali, que elogió a Rusia como "un país amigo con el que Mali siempre ha mantenido una asociación muy fructífera".

A finales de diciembre, Francia publicó una declaración conjunta firmada también por el Reino Unido, Alemania, Canadá y otros 11 gobiernos europeos en la que afirmaban que habían sido testigos del despliegue del Grupo Wagner en Malí, con el respaldo de Rusia, y que condenaban la acción. Mali negó el despliegue, pidiendo pruebas de fuentes independientes, pero reconoció que "entrenadores rusos" estaban en el país en el marco del refuerzo de las fuerzas militares y de seguridad y que "sólo participaba en una asociación de Estado a Estado con la Federación Rusa, su socio histórico". Fuentes gubernamentales francesas afirmaron que la acusación del despliegue de Wagner se basaba en factores que incluían el desarrollo de una nueva base militar cerca del aeropuerto de Bamako, así como en "patrones de vuelo sospechosos".

Al mes siguiente, oficiales del ejército maliense confirmaron que unos 400 asesores militares rusos habían llegado al país y estaban presentes en varias partes de Malí. Varios funcionarios, entre ellos uno occidental, afirmaron que había "mercenarios" rusos desplegados en Malí, pero una fuente militar maliense lo negó. Sin embargo, un oficial del centro de Mali afirmó que había tanto asesores rusos como empresas militares privadas presentes y que no todos los contratistas eran de nacionalidad rusa. Según un oficial militar francés, entre

63

300 y 400 PMC estaban presentes en la parte central del país, junto con instructores rusos que proporcionaban equipamiento. A finales de diciembre de 2021 salieron a la luz fotos de las PMC en la ciudad de Ségou, donde al parecer se habían desplegado 200 contratistas de Wagner. A principios de enero de 2022, los enfrentamientos al sur de Mopti entre los contratistas y los yihadistas se saldaron con un PMC muerto.

A mediados de enero de 2022, se desplegaron PMC Wagner en una antigua base militar francesa en Tombuctú, en el norte de Malí. Posteriormente, el ejército estadounidense también confirmó la presencia del Grupo Wagner en Mali. A principios de abril de 2022, unos 200 soldados y 9 policías malienses recibían formación en Rusia.

El 5 de abril de 2022, Human Rights Watch publicó un informe en el que acusaba a soldados malienses y a compañías militares rusas de ejecutar a unos 300 civiles entre el 27 y el 31 de marzo, durante una operación militar en Moura, en la región de Mopti, conocida como un punto caliente de militantes islámicos. Según el ejército maliense, más de 200 militantes murieron en la operación, en la que habrían participado más de 100 rusos. Al comienzo de la operación, el 27 de marzo, helicópteros militares malienses aterrizaron cerca del mercado de la ciudad, tras lo cual se desplegaron soldados que se acercaron a un grupo de unos 30 yihadistas, que dispararon contra ellos, matando al menos a dos "soldados blancos", según Human Rights Watch.

El 19 de abril de 2022 se produjo la primera muerte confirmada oficialmente de un asesor militar ruso, al parecer miembro de Wagner, cuando una patrulla militar chocó contra una bomba colocada al borde de una carretera cerca de la ciudad de Hombori.

El 22 de abril de 2022, tres días después de que los militares franceses entregaran la base militar de Gossi a las fuerzas malienses, Francia afirmó que presuntos PMC del Grupo Wagner enterraron una docena de cadáveres en una fosa común a pocos kilómetros al este de la base poco después de la retirada, con la intención de culpar a Francia. Los militares franceses publicaron imágenes de vídeo en las que aparecían 10 soldados blancos cubriendo cadáveres con arena, dos días después de que un "sensor observara a una docena de individuos caucásicos, muy

65

probablemente pertenecientes al Grupo Wagner" y a soldados malienses llegando al lugar del enterramiento para descargar material, según un informe militar francés.

El 25 de abril de 2022, la organización yihadista JNIM, vinculada a Al Qaeda, afirmó haber capturado a varios miembros del Grupo Wagner a principios de mes en la región central de Ségou.

A finales de junio de 2022, surgieron acusaciones contra el Grupo Wagner de que las PMC estaban saqueando pueblos y deteniendo indiscriminadamente a personas en la región septentrional de Tombuctú con el ejército maliense, obligando a los civiles a huir a Mauritania. También se denunciaron asesinatos.

67

Posibles actividades del Grupo Wagner

Bielorrusia

En julio de 2020, antes de las elecciones presidenciales del país, las fuerzas de seguridad bielorrusas detuvieron a 33 contratistas de Wagner. Las detenciones se produjeron después de que los organismos de seguridad recibieran información sobre la llegada al país de más de 200 empresas militares y de seguridad privadas "para desestabilizar la situación durante la campaña electoral", según la agencia estatal Belarusian Telegraph Agency (BelTA). El Consejo de Seguridad bielorruso acusó a los detenidos de preparar "un atentado terrorista". La emisora Radio Liberty, financiada por Estados Unidos, informó de que los contratistas posiblemente se dirigían a Sudán, citando imágenes de vídeo que mostraban moneda sudanesa y una tarjeta telefónica en la que aparecía la mezquita Khatmiya de Kassala entre las pertenencias de los detenidos. Otros creen también que los contratistas estaban simplemente utilizando Bielorrusia como punto de escala en su camino hacia o desde su última misión, posiblemente en África, con BBC News señalando las imágenes de la moneda sudanesa y una tarjeta telefónica sudanesa también.

Rusia confirmó que los hombres eran empleados de una empresa de seguridad privada, pero declaró que se habían quedado en Bielorrusia tras perder su vuelo de conexión a Turquía y pidió su pronta liberación. El jefe del grupo de investigación bielorruso afirmó que los contratistas no tenían previsto seguir volando a Turquía y que estaban dando "versiones contradictorias". Los PMC declararon que se dirigían a Venezuela, Turquía, Cuba y Siria. Las autoridades bielorrusas también declararon que creían que el marido de la candidata presidencial de la oposición, Sviatlana Tsikhanouskaya, podía tener vínculos con los hombres detenidos y abrieron una causa penal contra él. Los contratistas detenidos fueron devueltos a Rusia dos semanas después.

Durante la detención de los contratistas, los medios de comunicación rusos informaron de que el Servicio de Seguridad de Ucrania había atraído a los PMC a Bielorrusia con el pretexto de un contrato para la protección de las instalaciones de Rosneft en Venezuela. El plan de la operación consistía en forzar un aterrizaje de

69

emergencia del avión de los contratistas procedente de Minsk cuando atravesara el espacio aéreo ucraniano y, una vez en tierra, los PMC habrían sido detenidos. Más tarde, el presidente ruso Putin declaró también que los detenidos eran víctimas de una operación conjunta de los servicios de inteligencia ucranianos y estadounidenses. Aunque el jefe de gabinete del presidente ucraniano, Andriy Yermak, negó su implicación en las detenciones, posteriormente varios periodistas, parlamentarios y políticos ucranianos confirmaron la operación.

La operación estaba supuestamente planeada desde hacía un año, cuando Ucrania identificó a las PMC que combatieron en el este de Ucrania y estuvieron implicadas en el derribo del vuelo 17 de Malaysia Airlines en julio de 2014. La operación fracasó tras ser aplazada por la Oficina del Presidente de Ucrania, que al parecer no fue informada de ella hasta su fase final. El periodista ucraniano Yuri Butusov acusó a Andriy Yermak de "traición" después de que, al parecer, divulgara deliberadamente información sobre la operación a Rusia. Butusov informó además de que la agencia de inteligencia turca MIT también participó en la operación. El fracaso de la operación provocó despidos y procesos penales entre el personal del Servicio de Seguridad de Ucrania, según un representante de la inteligencia ucraniana que utiliza el seudónimo de "Bogdan". El expresidente ucraniano Petro Poroshenko también afirmó en diciembre de 2020 que sancionó la operación a finales de 2018.

Burkina Faso

Tras más de seis años de insurgencia yihadista en Burkina Faso, el 23 de enero de 2022 se produjo un golpe de Estado en el que los militares derrocaron al presidente Roch Marc Christian Kaboré y declararon disueltos el Parlamento, el Gobierno y la Constitución. El golpe de Estado fue dirigido por el teniente coronel Paul-Henri Sandaogo Damiba y se produjo en respuesta a la incapacidad del gobierno para reprimir la insurgencia islamista, que ha dejado 2.000 muertos y entre 1,4 y 1,5 millones de desplazados. La ira se dirigió también contra Francia, que prestaba apoyo militar al gobierno.

Un día después del golpe, Alexander Ivanov, representante oficial de los instructores militares rusos en la RCA, ofreció entrenamiento a los militares burkineses. Posteriormente, se reveló que, poco antes de la toma del poder por los militares, el teniente coronel Damiba intentó persuadir al presidente Kaboré para que implicara al Grupo Wagner en la lucha contra los insurgentes islamistas. Además, menos de dos semanas antes de la toma del poder, el gobierno anunció que había desbaratado un complot golpista, tras lo cual se especuló con la posibilidad de que el Grupo Wagner intentara establecerse en Burkina Faso. El golpe encontró un apoyo significativo en el país y fue seguido de protestas contra Francia y en apoyo de la toma del poder, en las que los manifestantes pedían la intervención de Rusia. El Departamento de Defensa de Estados Unidos declaró que estaba al corriente de las acusaciones de que el Grupo Wagner podría haber sido "una fuerza detrás del golpe militar en Burkina Faso", pero que no podía confirmar si eran ciertas.

El 30 de septiembre de 2022 se produjo un nuevo golpe de Estado en el que el coronel Damiba fue depuesto por el capitán Ibrahim Traoré debido a la incapacidad de Damiba para contener la insurgencia yihadista. Según Traoré, él y otros oficiales habían intentado que Damiba "volviera a centrarse" en la rebelión, pero finalmente optaron por derrocarlo ya que "sus ambiciones se estaban desviando de lo que nos habíamos propuesto". Algunos sospechaban que Traoré estaba relacionado con Wagner. Cuando Traoré entró en Uagadugú, la capital del país, sus partidarios le aclamaron, algunos ondeando banderas rusas. La alta diplomática estadounidense Victoria Nuland viajó a Burkina Faso tras la toma de poder de Traoré para "instarle encarecidamente" a que no se asociara con Wagner.

Aun así, el Gobierno de Ghana alegó públicamente que Traoré empezó a colaborar con el Grupo Wagner tras el golpe, alistando a los mercenarios contra los rebeldes yihadistas. Según el presidente de Ghana, la junta gobernante asignó una mina al Grupo Wagner como forma de pago por su despliegue, lo que fue desmentido por el ministro de Minas de Burkina Faso. A finales de enero de 2023, la junta gobernante exigió a Francia que retirara sus tropas, que contaban con entre 200 y 400 miembros de las fuerzas especiales, de Burkina Faso, tras luchar durante años contra los yihadistas. Francia accedió.

Chad

73

El gobierno estadounidense informó al gobierno chadiano de que Wagner estaba colaborando con los rebeldes del país para desestabilizar el gobierno y posiblemente conspiraba para asesinar al presidente del país y a otros altos cargos gubernamentales. Al parecer, Wagner también pretendía establecer vínculos con elementos de la clase dirigente chadiana. El intento de derrocar a un gobierno representaba un punto de inflexión en la estrategia de Wagner para aumentar su influencia, según declaró un funcionario estadounidense a *The New York Times*. El enfoque de Estados Unidos de compartir inteligencia para contrarrestar las amenazas rusas a Estados soberanos y las posteriores filtraciones de los resultados de la inteligencia refleja una estrategia iniciada en medio de la invasión rusa de Ucrania en 2022.

Moldavia

En medio de informaciones según las cuales Rusia conspiraba para derrocar al gobierno de Moldavia, y de una posterior manifestación antigubernamental, la Policía de Fronteras moldava informó de que había detenido y deportado a un presunto miembro del Grupo Wagner en el aeropuerto de Chisinau.

Nagorno-Karabaj

Varios días después de que los medios de comunicación rusos informaran de que las PMC rusas estaban listas para luchar contra Azerbaiyán en Nagorno-Karabaj, una fuente del Grupo Wagner, así como el analista militar ruso Pavel Felgenhauer, informaron de que los contratistas de Wagner habían sido enviados para apoyar a las fuerzas armadas de la parcialmente reconocida República de Artsaj contra Azerbaiyán durante la guerra de Nagorno-Karabaj de 2020 como operadores de ATGM. Sin embargo, Bellingcat informó de que el Grupo Wagner no estaba presente en Nagorno-Karabaj, apuntando al canal público Reverse Side of the Medal (RSOTM), utilizado por las PMC rusas, incluida Wagner. RSOTM publicó dos imágenes y una canción que aludían a la posibilidad de que las PMC de Wagner llegaran a Nagorno-Karabaj, pero Bellingcat determinó que las imágenes no estaban relacionadas.

Tras el final de la guerra, el capitán militar retirado Viktor Zlobov declaró que las PMC de Wagner desempeñaron un papel importante a la hora de preservar el territorio que permaneció bajo control armenio durante el conflicto y que fueron los principales responsables de que los armenios consiguieran mantener el control de la ciudad de Shusha durante todo el tiempo que lo hicieron antes de que fuera finalmente capturada por Azerbaiyán durante la gran batalla que tuvo lugar. Turquía informó de que 380 "rubias de ojos azules" participaron en el conflicto en el bando de Artsaj, mientras que algunas publicaciones rusas cifraron en 500 el número de PMC de Wagner que llegaron a la región a principios de noviembre. Se dice que 300 de ellos participaron en la batalla de Shusha, y al mes siguiente apareció en Internet una foto de un PMC de Wagner, al parecer tomada delante de una iglesia de Shusha durante la guerra.

El medio de comunicación ruso OSN informó de que la llegada de las PMC fue también uno de los factores que llevaron a Azerbaiyán a detener su ofensiva contra Nagorno-Karabaj.

Serbia

Un vídeo de noticias ruso que afirma mostrar a "voluntarios" serbios siendo entrenados por el Grupo Wagner para luchar junto a las tropas rusas en Ucrania ha provocado indignación en Serbia. El presidente de Serbia, Aleksandar Vučić, reaccionó airadamente en la televisión nacional, preguntándose por qué el Grupo Wagner llamaría a alguien de Serbia cuando va en contra de la normativa del país. Es ilegal que los serbios participen en conflictos en el extranjero.

Otros

Según la información filtrada por los servicios de inteligencia estadounidenses, Wagner ha intentado ampliar sus operaciones a Haití, acercándose al asediado gobierno haitiano con la propuesta de combatir a las bandas en nombre del gobierno.

En junio de 2023, un correo electrónico del Grupo Wagner sugirió que el grupo tenía planes relacionados con las islas Chatham, al oeste del territorio continental de Nueva Zelanda, a raíz de una entrevista televisiva con Prigozhin en la que un mapa en la pared detrás de él tenía un alfiler de color en la posición de las islas.

Bajas

Las familias de los PMC asesinados tienen prohibido hablar con los medios de comunicación en virtud de una cláusula de confidencialidad que es un requisito previo para que puedan obtener una indemnización de la empresa. La indemnización estándar para la familia de un empleado de Wagner asesinado es de hasta 5 millones de rublos (unos 80.000 dólares), según un funcionario de Wagner. En cambio, la novia de un combatiente asesinado declaró que las familias reciben entre 22.500 y 52.000 dólares, dependiendo del rango y la misión del PMC asesinado. A mediados de 2018, veteranos militares rusos instaron al gobierno ruso a reconocer el envío de contratistas militares privados para luchar en Siria, en un intento de garantizar beneficios financieros y médicos para los PMC y sus familias.

El Centro Médico Internacional Sogaz de San Petersburgo, una clínica propiedad de la gran aseguradora AO Sogaz, ha tratado a PMC heridos en combate en el extranjero desde 2016. Los altos cargos y propietarios de la empresa son familiares del presidente ruso Putin u otras personas vinculadas a él. El director general de la clínica,

Vladislav Baranov, también tiene una relación comercial con Maria Vorontsova, la hija mayor de Putin.

Premios y honores

Las PMC de Wagner han recibido premios estatales en forma de condecoraciones militares y certificados firmados por el presidente ruso Putin. Los comandantes de Wagner Andrey Bogatov y Andrei Troshev recibieron la condecoración de Héroe de la Federación Rusa por ayudar en la primera toma de Palmira en marzo de 2016. Bogatov resultó gravemente herido durante la batalla. Por su parte, Alexander Kuznetsov y Dmitry Utkin habrían recibido cuatro veces la Orden del Valor. Los familiares de los PMC muertos también recibieron medallas de la propia Wagner, y la madre de un combatiente muerto recibió dos medallas, una por "heroísmo y valor" y otra por "sangre y valentía". Wagner también concedió a sus PMC una medalla por llevar a cabo operaciones en Siria.

A mediados de diciembre de 2017, se celebró en Ulan-Ude, capital de la república rusa de Buriatia, un torneo de powerlifting dedicado a la memoria de Viacheslav Leonov, un PMC de Wagner muerto durante la campaña en la provincia siria de Deir ez-Zor. Ese mismo mes, el presidente de Rusia firmó un decreto por el que se establecía el Día Internacional de los Voluntarios en

Rusia, según la resolución de la ONU de 1985, que se celebrará anualmente cada 5 de diciembre. El sitio ruso de noticias *Poliksal asoció* la celebración rusa del Día del Voluntario con el homenaje a las PMC de Wagner.

A finales de enero de 2018, surgió una imagen de un monumento en Siria, dedicado a los "voluntarios rusos". La inscripción del monumento en árabe decía: "A los voluntarios rusos, que murieron heroicamente en la liberación de los campos petrolíferos sirios del ISIL". El monumento estaba situado en la planta de Haiyan, a unos 50 kilómetros de Palmira, donde estaban desplegadas las PMC de Wagner. También se erigió un monumento idéntico en Luhansk en febrero de 2018. A finales de agosto de 2018, se construyó una capilla cerca de Goryachy Klyuch, Krasnodar Krai, en Rusia, en memoria de los PMC de Wagner muertos en combates contra el ISIL en Siria. Por cada uno de los fallecidos se enciende una vela en la capilla. Hacia finales de noviembre de 2018, se reveló que un tercer monumento, también idéntico a los dos de Siria y Luhansk, fue erigido frente a la capilla, que se encuentra a unas decenas de kilómetros de las instalaciones de entrenamiento de la PMC en Molkin.

81

Al parecer, la cúpula del Grupo Wagner y sus instructores militares fueron invitados a asistir al desfile militar del 9 de mayo de 2018, dedicado al Día de la Victoria.

El 14 de mayo de 2021 se estrenó en el estadio nacional de Bangui una película rusa inspirada en los instructores militares rusos en la República Centroafricana. Titulada *The Tourist*, muestra a un grupo de asesores militares rusos enviados a la RCA en vísperas de las elecciones presidenciales y que, tras una violenta rebelión, defienden a la población local de los rebeldes. Al parecer, la película fue financiada por Yevgeny Prigozhin para mejorar la reputación del Grupo Wagner e incluía a algunos PMC de Wagner como extras. Seis meses después, se erigió en Bangui un monumento a los militares rusos. A finales de enero de 2022, se estrenó una segunda película sobre las PMC rusas. La película, titulada *Granit*, mostraba la historia real de la misión de los contratistas en la región de Cabo Delgado (Mozambique) en 2019, contra militantes islamistas.

Muertes de periodistas

Muerte de Maksim Borodin

El 12 de abril de 2018, el periodista de investigación ruso Maksim Borodin fue encontrado gravemente herido al pie de su edificio, tras caer desde el balcón de su quinto piso en Ekaterimburgo. Fue hospitalizado en coma y murió a causa de sus heridas tres días después, el 15 de abril. En las semanas anteriores a su muerte, Borodin acaparó la atención nacional cuando escribió sobre la muerte de los PMC de Wagner en la batalla contra las fuerzas respaldadas por Estados Unidos en el este de Siria a principios de febrero, en la que también se produjeron ataques aéreos estadounidenses. A lo largo de febrero y marzo, Borodin entrevistó a familiares y comandantes de las PMC del Grupo Wagner, y asistió a sus funerales en la ciudad de Asbest.

Las autoridades locales declararon que no se había encontrado ninguna nota de suicidio, pero que era poco probable que su muerte fuera de naturaleza criminal. Afirmaron que en el momento de su caída la puerta de su apartamento estaba cerrada por dentro, lo que indicaba que nadie había entrado ni salido. Aunque la policía seguía investigando, no consideraba sospechosa su muerte. Sin embargo, Polina Rumyantseva, redactora jefe de *Novy Den*, donde trabajaba Borodin, declaró antes de su muerte que no podía descartar un crimen y que no había motivos para que se suicidara. Harlem Désir, de la OSCE, declaró que la muerte era "muy preocupante" y pidió una investigación exhaustiva.

El amigo de Borodin declaró que un día antes de su caída, Borodin se había puesto en contacto con él a las cinco de la mañana diciendo que había "alguien con un arma en su balcón y gente camuflada y con máscaras en el rellano de la escalera". Borodin volvió a llamar a su amigo y le dijo que se había equivocado y que pensaba que los hombres estaban participando en algún tipo de ejercicio de entrenamiento. Tras la muerte de Borodin, Rumyantseva declaró que *Novy Den* había estado en su apartamento y que no había signos de lucha, mientras que los investigadores pensaban que Borodin había salido al balcón a fumar y se había caído. Aun así, Rumyantseva declaró: "Si hay siquiera un indicio de algo criminal, lo haremos público". Borodin también gozaba de reputación local por llevar a cabo investigaciones sobre prisiones y funcionarios corruptos en su región natal de Sverdlovsk.

República Centroafricana

El 30 de julio de 2018, tres periodistas rusos (Kirill Radchenko, Alexander Rastorguyev y Orkhan Dzhemal) pertenecientes a la organización rusa de noticias en línea Investigation Control Centre (TsUR), vinculada a Mijaíl Jodorkovski, fueron emboscados y asesinados por desconocidos en la República Centroafricana, tres días después de haber llegado al país para investigar las actividades locales de Wagner. La emboscada tuvo lugar a 23 kilómetros de Sibut, cuando unos hombres armados salieron de la espesura y abrieron fuego contra su vehículo. El conductor de los periodistas sobrevivió al ataque, pero después las autoridades lo mantuvieron incomunicado. En su respuesta a los asesinatos, el Ministerio de Asuntos Exteriores ruso señaló que los periodistas muertos viajaban sin acreditación oficial.

BBC News y AFP dijeron que las circunstancias de sus muertes no estaban claras. Según la agencia de noticias Interfax, el robo podría haber sido un móvil. Un costoso

85

equipo fotográfico y más de 8.000 dólares desaparecieron del lugar, aunque en el vehículo quedaron tres bidones de gasolina, considerada una mercancía valiosa en la RCA. Un funcionario local y su conductor declararon que los atacantes llevaban turbantes y hablaban en árabe. Los medios de comunicación estatales rusos y de la RCA informaron inicialmente de que las autoridades sospechaban que los rebeldes de Seleka estaban detrás de los asesinatos. Según los residentes locales, entrevistados por los investigadores de Jodorkovski, unas 10 personas habían acampado cerca antes de la emboscada, esperando allí durante varias horas. Poco antes del ataque, vieron pasar otro coche con "tres hombres blancos armados... y dos centroafricanos".

Según un informe inicial de *The New York Times*, no había indicios de que los asesinatos estuvieran relacionados con la investigación de los periodistas sobre las actividades del Grupo Wagner en la República Centroafricana, pero un artículo de seguimiento citaba a un investigador de Human Rights Watch que comentaba que "muchas cosas no cuadran" en relación con los misteriosos asesinatos. Reafirmaba que no había nada que contradijera la versión oficial de que los asesinatos fueron un acto aleatorio de ladrones, pero señalaba las especulaciones dentro de Rusia que culpaban al Grupo Wagner, al tiempo que añadía la teoría de un medio de comunicación africano poco conocido de que Francia, que anteriormente gobernaba la RCA cuando era una colonia, estaba detrás de los asesinatos como advertencia a Moscú para que se mantuviera alejada de su zona de influencia. El analista de defensa Pavel Felgenhauer, afincado en Moscú, consideró poco probable que fueran asesinados por las PMC de Wagner, mientras que el Servicio de Seguridad de Ucrania afirmó que tenía pruebas sobre la implicación de las PMC.

Durante su investigación, los periodistas intentaron entrar en el campamento de las PMC, pero les dijeron que necesitaban una acreditación del Ministerio de Defensa del país. Dicha acreditación sólo se había concedido anteriormente a un periodista de la AFP, que seguía sin poder tomar fotografías ni entrevistar a nadie. Los asesinatos se produjeron un día después de que los periodistas visitaran el campamento del Grupo Wagner en Berengo. Según Christo Grozev, de Bellingcat, tras la llegada de los periodistas a la República Centroafricana, el coronel Konstantin Pikalov, del Grupo Wagner, publicó una carta en la que se describía cómo debían ser seguidos y espiados.

Según la cadena de televisión Dozhd, la empresa militar privada rusa Patriot estuvo implicada en los asesinatos.

En enero de 2019, se reveló que, según las pruebas reunidas por el *Centro de Expedientes* de Jodorkovski, un mayor de la Gendarmería Centroafricana participó en la emboscada. El mayor estaba en comunicación regular con el conductor de los periodistas el día de sus asesinatos y tenía comunicaciones frecuentes con un PMC de Wagner que era un entrenador especializado en contravigilancia y reclutamiento en África Central. El agente de policía también habría asistido a un campamento dirigido por instructores militares rusos en la frontera con Sudán, y habría mantenido contactos regulares con los PMC rusos después de su formación. La investigación sobre los asesinatos llevada a cabo por el *Centro de Expedientes* se suspendió dos meses después por falta de participación de organismos y organizaciones gubernamentales.

Yevgeny Prigozhin

Yevgeny Viktorovich Prigozhin, nacido el 1 de junio de 1961, es un oligarca ruso, jefe de mercenarios y antiguo confidente íntimo del presidente ruso Vladimir Putin hasta que dio un supuesto golpe de Estado en junio de 2023. A Prigozhin se le llama a veces "el chef de Putin", ya que es propietario de restaurantes y empresas de catering que prestan servicios para el Kremlin. Prigozhin, que fue convicto en la Unión Soviética, controla ahora una red de empresas influyentes, entre ellas la compañía de mercenarios Wagner Group, respaldada por el Estado ruso, y tres empresas acusadas de injerencia en las elecciones estadounidenses de 2016 y 2018. Según una investigación de 2022 realizada por Bellingcat, *The Insider* y *Der Spiegel*, las actividades de Prigozhin "están estrechamente integradas con el Ministerio de Defensa de Rusia y su brazo de inteligencia, el GRU".

Tras años negando sus vínculos con Wagner, el 26 de septiembre de 2022 confirmó que era su fundador. Afirmó que la fundó en mayo de 2014, para apoyar a las fuerzas rusas en la guerra de Donbás. Esta confesión fue provocada por un vídeo viral en el que Prigozhin aparecía en una prisión de Mari El reclutando reclusos, prometiéndoles la libertad si cumplían seis meses con el Grupo Wagner.

Prigozhin había negado durante mucho tiempo su papel en la injerencia rusa en las elecciones estadounidenses. En noviembre de 2022, sin embargo, admitió su papel en tales operaciones, afirmando que continuarían. En febrero de 2023, declaró que era el fundador y director durante mucho tiempo de Internet Research Agency, una empresa rusa acusada de operaciones de propaganda en línea.

Prigozhin, sus empresas y asociados se enfrentan a sanciones económicas y cargos penales en Estados Unidos, y en el Reino Unido sigue siendo una persona designada bajo sanciones. El FBI ofrece una recompensa de hasta 250.000 dólares por información que conduzca a la detención de Prigozhin. En octubre de 2020, la Unión Europea (UE) impuso sanciones contra Prigozhin en relación con su financiación de las actividades de Wagner Group en Libia. En abril de 2022, la UE le impuso nuevas sanciones por su papel en la invasión rusa de Ucrania.

El 23 de junio de 2023, Prigozhin lanzó una rebelión contra la cúpula militar rusa y anunció que trasladaría sus fuerzas a Rusia, capturando Rostov del Don antes de marchar sobre Moscú. Se abrió una causa penal contra él, pero se retiró el mismo día; según el portavoz del Kremlin, Dmitry Peskov, Prigozhin irá a Bielorrusia como parte de la solución negociada de la rebelión de su PMC.

Primeros años

Prigozhin nació y creció en Leningrado (actual San Petersburgo), en la Unión Soviética, el 1 de junio de 1961, hijo de Violetta Prigozhina (en ruso: Виолетта Пригожина). Su padre murió prematuramente, por lo que su madre le mantuvo a él y a su abuela enferma trabajando en un hospital local. Su padre y su padrastro eran de ascendencia judía.

Durante sus años escolares, Prigozhin aspiraba a ser esquiador profesional de fondo. Fue entrenado por su padrastro Samuil Zharkoy, instructor de este deporte, y asistió a un prestigioso internado de atletismo del que se graduó en 1977. Sin embargo, su carrera deportiva no tuvo éxito.

En noviembre de 1979, Prigozhin, de 18 años, fue sorprendido robando y condenado a una pena condicional. Dos años más tarde, en 1981, fue sorprendido de nuevo robando y condenado a doce años de prisión por robo, fraude y participación de adolescentes en delitos. Él y varios cómplices fueron condenados por robar en apartamentos de barrios de lujo. Fue indultado en 1988 y puesto en libertad en 1990. En total, pasó nueve años detenido.

Primeros años de carrera y ascenso

Tras salir de la cárcel en 1990, Prigozhin empezó a vender perritos calientes junto a su madre y su padrastro en el mercado al aire libre de Apraksin Dvor, en Leningrado. Pronto, según una entrevista que le hizo el *New York Times*, "los rublos se acumulaban más rápido de lo que su madre podía contarlos". Tras el colapso de la Unión Soviética, Prigozhin siguió el espíritu emprendedor de la época y fundó o se involucró en muchos nuevos negocios.

De 1991 a 1997, Prigozhin estuvo muy involucrado en el negocio de las tiendas de comestibles. Llegó a ser accionista al 15% y gerente de Contrast, la primera cadena de tiendas de comestibles de San Petersburgo, fundada por su antiguo compañero de clase Boris Spektor.

Por la misma época, Prigozhin se involucró en el negocio del juego. Spektor e Igor Gorbenko nombraron a Prigozhin Consejero Delegado de Spectrum CJSC (en ruso: ЗАО "Спектр"), que fundó los primeros casinos de San Petersburgo. A lo largo de la década de 1990, este trío fundó juntos muchas otras empresas en diversos sectores, como la construcción, la investigación de mercados y el comercio exterior. *Novaya Gazeta* señala que es posible que Prigozhin conociera por primera vez a Vladimir Putin, presidente del consejo de supervisión de casinos y juegos de azar desde 1991.

En 1995, Prigozhin entró en el negocio de la restauración. Cuando los ingresos de sus otros negocios empezaron a caer, Prigozhin convenció a un director de Contrast, Kiril Ziminov, para que abriera un restaurante con él. Abrieron el primer restaurante de Prigozhin: Old Customs House (en ruso: Старая Таможня) en San Petersburgo. En 1997, fundaron un segundo restaurante, New Island, un restaurante flotante que se convirtió en uno de los locales de moda de la ciudad. Inspirados por los restaurantes a

93

orillas del Sena en París, Prigozhin y Ziminov crearon el restaurante gastándose 400.000 dólares en remodelar un barco oxidado en el río Vyatka. Dijo que sus clientes "querían ver algo nuevo en sus vidas y estaban cansados de comer sólo chuletas con vodka". En 2001, Prigozhin sirvió personalmente la comida a Vladimir Putin y al presidente francés Jacques Chirac cuando cenaron en New Island. En 2002 fue anfitrión del presidente estadounidense George W. Bush. En 2003, Putin celebró su cumpleaños en New Island.

A lo largo de la década de 2000, Prigozhin se acercó cada vez más a Vladimir Putin. En 2003, abandonó a sus socios y fundó sus propios restaurantes independientes. Una de las empresas de Prigozhin, Concord Catering, empezó a obtener numerosos contratos públicos. Recibió cientos de millones en contratos públicos para alimentar a escolares y funcionarios. En 2012, recibió un contrato para suministrar comidas al ejército ruso por valor de 1.200 millones de dólares durante un año. Parte de los beneficios de este contrato se habrían utilizado para crear y financiar la Internet Research Agency.

El 11 de diciembre de 2018, una empresa supuestamente no afiliada a Concord Catering llamada Msk LLC (en ruso: OOO "Мск") recibió 2,5 millones de rublos por un banquete anual del "Día de los Héroes de la Patria" celebrado en el Kremlin. Sin embargo, Msk LLC comparte el mismo número de teléfono de contacto con Concord. El 11 de diciembre de 2019, la empresa recibió otros 4,1 millones de rublos por otro banquete.

En 2012, trasladó a su familia a un complejo de San Petersburgo con cancha de baloncesto y helipuerto. Para entonces ya poseía un jet privado y un yate de 115 pies. Desde entonces, Prigozhin ha estado vinculado a varias aeronaves, entre ellas dos Cessna 182, así como jets Embraer Legacy 600, British Aerospace 125 y Hawker 800XP.

La Fundación Anticorrupción ha acusado a Prigozhin de prácticas empresariales corruptas. En 2017, estimaron que su patrimonio ilegal ascendía a más de mil millones de rublos. Alexei Navalny alegó que Prigozhin estaba vinculado a una empresa llamada Moskovsky Shkolnik (escolar de Moscú) que había suministrado alimentos de mala calidad a las escuelas moscovitas, lo que había provocado un brote de disentería en 2019. Prigozhin fue declarado Persona Corrupta del Año 2022 por el Organized Crime and Corruption Reporting Project.

Grupo Wagner

Prigozhin es el autodenominado fundador del controvertido contratista militar privado Wagner Group, afiliado al Kremlin. El 26 de septiembre de 2022, Prigozhin declaró que fundó el Grupo Wagner específicamente para apoyar a las fuerzas rusas en la guerra de Donbás, en mayo de 2014. Desde entonces, sus actividades se han ampliado para abarcar numerosas regiones de África y Oriente Medio.

Incluso antes de que se confirmara, ya existía un relativo consenso entre los medios de comunicación rusos y extranjeros de que Prigozhin era el fundador de Wagner o estaba fuertemente vinculado a él. El grupo estaba dirigido públicamente por Dmitry Utkin, que en su día fue jefe de seguridad de Prigozhin. Una persona con el nombre de Dmitry Utkin también figuraba como director general de Concord Management de Prigozhin. En noviembre de 2016, la empresa confirmó a los medios rusos que el mismo Dmitry Utkin que dirigía el Grupo Wagner estaba ahora a cargo de los negocios alimentarios de Prigozhin. En febrero de 2018, Concord y Prigozhin negaron cualquier relación con Wagner.

En febrero de 2018, Wagner atacó a las fuerzas kurdas respaldadas por Estados Unidos en Siria en un intento de tomar un yacimiento petrolífero. Durante el ataque aéreo de represalia de las fuerzas armadas estadounidenses, murieron entre 10 y 100 de sus mercenarios.

En julio de 2018, tres periodistas rusos que trabajaban para una organización de noticias a menudo crítica con el gobierno ruso fueron asesinados en la República Centroafricana, donde habían intentado investigar las actividades del Grupo Wagner en ese país. El gobierno ruso había iniciado una colaboración con el presidente de la República Centroafricana en octubre de 2017. En su respuesta a los asesinatos, el Ministerio de Asuntos Exteriores de Rusia subrayó que los periodistas muertos habían viajado sin acreditación oficial.

Participación en la invasión rusa de Ucrania de 2022

97

Wagner también ha desempeñado un papel importante durante y antes de la invasión rusa de Ucrania de 2022. Prigozhin incluso viajó al Donbass para supervisar personalmente los progresos del grupo. Fue fotografiado en primera línea con uniforme militar junto al miembro de la Duma rusa Vitaly Milonov.

En agosto de 2022, el Grupo Wagner comenzó a utilizar vallas publicitarias para reclutar nuevos miembros en Rusia. El ex periodista y observador del Grupo Denis Korotkov dijo: "Parece que han decidido que ya no tratarán de ocultar su existencia."

En septiembre de 2022, se filtró un vídeo en el que Prigozhin intentaba reclutar presos para reforzar las fuerzas rusas en el frente de la guerra contra Ucrania. A los convictos les dijo "nadie vuelve entre rejas" y a los que se sentían incómodos con la idea "o son prisioneros o son vuestros hijos, vosotros decidís". Aunque el vídeo se grabó en una colonia penal de Yoshkar-Ola para reclutar tropas de choque, hay pruebas de que anteriormente se había reclutado a convictos de una colonia penal de San Petersburgo.

El 26 de septiembre, Prigozhin se retractó de sus anteriores afirmaciones de que no tenía ninguna relación con el grupo, publicando una declaración en la red social rusa VK en la que admitía que lo había fundado en mayo de 2014 para "proteger a los rusos" cuando "comenzó el genocidio de la población rusa de Donbás". Explicó que desempeñó un papel personal desde el principio, afirmando que "encontró especialistas que podían ayudar" después de "[limpiar] las armas viejas y [clasificar] los chalecos antibalas" él mismo. Confirmó las acusaciones, anteriormente desmentidas por el gobierno ruso, de que el grupo había participado en otros países afines a los intereses rusos de ultramar, afirmando que los mercenarios de Wagner que "defendieron al pueblo sirio, a otros pueblos de países árabes, a africanos indigentes y a latinoamericanos se han convertido en los pilares de nuestra patria".

El 23 de octubre de 2022, Prigozhin declaró que sus fuerzas estaban avanzando entre 100 y 200 metros al día, lo que, según él, es la norma de la guerra moderna. Elogió a los defensores ucranianos de Bajmut, diciendo que "Nuestras unidades se encuentran constantemente con la más feroz resistencia enemiga, y observo que el enemigo está bien preparado, motivado, y trabaja con confianza y armonía."

El 13 de noviembre de 2022, el Grupo Wagner difundió un vídeo en el que aparecían sus mercenarios utilizando un mazo para ejecutar a Yevgeny Nuzhin, un desertor que, al parecer, había sido devuelto a los rusos en un intercambio de prisioneros. Prigozhin comentó: "Me parece que esta película debería llamarse: 'A dog dies a dog's death'". "Fue un excelente trabajo de dirección, que se vio en un suspiro. Espero que no se dañara a ningún animal durante el rodaje".

El coronel ucraniano retirado Serhiy Hrabskyi sugirió que el Grupo Wagner buscaba la gloria capturando Bajmut, ya que Prigozhin estaba preparado para obtener importantes recompensas monetarias y políticas si Wagner capturaba la ciudad en nombre del gobierno ruso. El propio Prigozhin había sugerido anteriormente que Wagner estaba convirtiendo deliberadamente Bajmut en una "picadora de carne" para infligir grandes bajas de desgaste a las fuerzas ucranianas. Un funcionario occidental expresó una opinión contraria, afirmando que la batalla está "brindando a Ucrania una oportunidad única de matar a muchos rusos", debido a las supuestas malas tácticas rusas.

El 9 de abril, Ucrania afirmó que el Grupo Wagner estaba perdiendo unas 100 personas al día, "contando sólo los muertos", y que Rusia se había visto obligada a desplegar paracaidistas y brigadas motorizadas en la ciudad debido a las grandes pérdidas que había sufrido el grupo. El propio Prigozhin admitió más tarde, el 30 de abril, que sus fuerzas habían perdido 94 hombres muertos en la ciudad sólo ese día, y otros 99 muertos en las acciones ofensivas del día siguiente. Una vez más subrayó que estaban sufriendo más de 5 veces más pérdidas de las que él esperaba.

El 4 de mayo de 2023, Prigozhin advirtió contra el uso de armas nucleares en respuesta al ataque con drones del Kremlin en 2023, afirmando que "parecemos payasos amenazando con usar armas nucleares en respuesta al dron de un niño".

Quejas y conflictos

El 1 de octubre de 2022, dijo sobre los mandos del ejército ruso que "A todos esos bastardos habría que enviarlos al 101 frente descalzos y sólo con un subfusil". Calificó de "inútiles" a los miembros del Parlamento ruso, controlado por Putin, y dijo que los "diputados deberían ir al frente", añadiendo que "Esa gente que lleva años hablando desde las tribunas tiene que empezar a hacer algo". El *Washington Post* informó de que Prigozhin fue una de las pocas personas que se atrevió a decirle a Putin los "errores" de los mandos militares rusos en la guerra de Ucrania.

El 5 de mayo de 2023, anunció que, debido a la falta de munición, sus combatientes abandonarían Bajmut el 10 de mayo de 2023 y entregarían sus posiciones a unidades del Ministerio de Defensa ruso si no conseguían más munición. Culpó al ministro de Defensa ruso, Sergei Shoigu, y al jefe de las fuerzas armadas rusas, el general Valery Gerasimov, de las "decenas de miles" de bajas de los wagner, diciendo: "Vinieron aquí como voluntarios y están muriendo para que ustedes puedan sentarse como gatos gordos en sus oficinas de lujo."

En mayo de 2023, condenó el lujoso estilo de vida de los hijos de los altos cargos rusos y, en particular, señaló al yerno de Shoigu, Alexey Stolyarov, por no alistarse en el ejército ruso. Prigozhin se quejó de que "los hijos de las élites se asfixian con cremas y lo muestran en Instagram, YouTube, etc., mientras que los hijos de la gente corriente vuelven a casa destrozados en ataúdes forrados de zinc".

El 27 de mayo de 2023, Igor Girkin acusó a Prigozhin de conspirar para utilizar al grupo Wagner para dar un golpe de Estado dentro de Rusia y de que Prigozhin estaba violando activamente las leyes rusas de censura de guerra de 2022 al quejarse del alto mando ruso, y que sus fuerzas estaban prácticamente en estado activo de motín. El 29 de mayo, Prigozhin declaró que Wagner no disponía de las fuerzas necesarias para dar un golpe de Estado. En su lugar, sugirió que Shoigu podría estar conspirando para dar un golpe de Estado.

Rebelión de junio de 2023

En un vídeo publicado el 23 de junio de 2023, Prigozhin afirmó que las justificaciones del gobierno ruso para la invasión rusa de Ucrania se basaban en mentiras. Acusó al Ministerio de Defensa ruso bajo el mando de Shoigu de "intentar engañar a la sociedad y al presidente y decirnos que había una loca agresión por parte de Ucrania y que planeaban atacarnos con toda la OTAN."

El 23 de junio de 2023, Prigozhin afirmó que las fuerzas armadas regulares rusas habían lanzado ataques con misiles contra las fuerzas de Wagner, matando a un número "enorme". Pidió una respuesta, declarando: "El consejo de comandantes de la PMC Wagner ha tomado una decisión: hay que poner fin al mal que trae la cúpula militar del país". En respuesta, el Servicio Federal de Seguridad ruso (FSB) presentó cargos penales contra Prigozhin por incitación a la rebelión armada. Posteriormente, la PMC Wagner se retiró de Ucrania, ocupó la ciudad rusa de Rostov del Don y se dirigió a Moscú. Durante la refriega, Wagner derribó un avión de combate Ilyushin Il-22 y varios helicópteros militares. El Presidente Putin calificó la acción de traición y prometió sofocar el levantamiento.

Tras las conversaciones entre Prigozhin y el presidente bielorruso, Alexander Lukashenko, se retiraron los cargos y Wagner cesó su marcha hacia Moscú. Como parte del acuerdo, Prigozhin se trasladará a Bielorrusia y las tropas de Wagner regresarán a Ucrania. A pesar de la retirada de los cargos, Prigozhin sigue siendo investigado por traición.

Intereses de África

A lo largo de 2018, Prigozhin estableció numerosos intereses en África a través del Grupo Wagner y aproximadamente 100-200 consultores políticos. Se involucró en países como Madagascar, la República Centroafricana (RCA), la República Democrática del Congo, Angola, Senegal, Ruanda, Sudán, Libia, Guinea, Guinea-Bissau, Zambia, Zimbabue, Kenia, Camerún, Costa de Marfil, Mozambique, Nigeria, Chad, Sudán del Sur y Sudáfrica. Pyotr Bychkov (ruso: Петр Александрович Бычков) es supuestamente el responsable de coordinar la "expansión en África" de Prigozhin. Según un artículo de *Kommersant* del 20 de abril de 2018, Yaroslav Ignatovsky (ruso: Ярослав Ринатович Игнатовский; nacido en 1983, Leningrado) dirige Politgen (ruso: "Политген") y es un estratega político que ha coordinado los esfuerzos de los trolls para Prigozhin en África.

En marzo de 2020, se reveló que Prigozhin había ayudado financieramente a Saif al-Islam Gadafi, hijo del fallecido líder libio derrocado Muamar Gadafi, en su candidatura a las próximas elecciones presidenciales libias.

República Centroafricana

Desde principios de 2018, la empresa *Lobaye Invest,* asociada a Prigozhin, extrae diamantes, oro y otros minerales en la prefectura de Lobaye. Faustin-Archange Touadera, presidente de la República Centroafricana, viajó a Rusia en otoño de 2017 para reunirse con Serguéi Lavrov en Sochi y en junio de 2018 para reunirse con Vladímir Putin en San Petersburgo. El asesor de seguridad nacional de Touadera, Valery Zakharov (en ruso: Валерий Захаров), Touadera aumentó la presencia rusa en la RCA al permitir que cinco asesores militares rusos y 170 contratistas rusos trabajaran a partir de enero de 2018 cerca de Bobangui, en Berengo, que es el antiguo palacio de Jean-Bédel Bokassa y está a 60 kilómetros al suroeste de Bangui.

Desde diciembre de 2017, el Proceso de Kimberley permitió la extracción de diamantes en el suroeste de la

RCA. Bajo el director general Evgeny Khodotov (Ruso: Евгений Ходотов) que está asociado con la seguridad de Touadera a través de la firma *Sewa Security Service*, Lobaye Invest fue fundada a través de M-Invest por Dmitry Syty (Ruso: Дмитрий Сытый) y es una filial de M-Finance que fueron fundadas por Prigozhin. En la noche del 31 de julio de 2018, tres periodistas rusos, Alexander Rastorguev, Orhan Dzhemal y Kirill Radchenko (ruso: Кирилл Радченко), que fueron enviados por el Centro de Gestión de Investigaciones (SDG) patrocinado por Mijaíl Jodorkovski (ruso: Центр управления расследованиями (ЦУР)), fueron asesinados al norte de Sibut mientras investigaban las operaciones de Lobaye Invest y los intereses rusos en el este de la RCA en el yacimiento de oro de Ndassima para una próxima película.

El 15 de abril de 2019, Putin envió 30 soldados rusos como parte de una misión de la ONU en la RCA para apoyar los intereses de Lobaye Invest. A partir del 18 de diciembre de 2020, varios cientos de rusos con armamento pesado apoyaron una ofensiva sobre Bangui que incluía contingentes de tropas de Ruanda. El 27 de mayo de 2021, tres rusos murieron al explotar una bomba colocada al borde de una carretera. Desde 2012 hasta mayo de 2021, según DW, se calcula que entre 800 y 2.000 mercenarios rusos han combatido en la RCA.

Agencia de investigación en Internet

Prigozhin financió y dirigió una red de empresas que incluía una compañía llamada Internet Research Agency Ltd. (Agencia de Investigación de Internet). (en ruso: OOO "Агентство интернет-исследований"), Concord Management and Consulting Company y otra empresa relacionada. Las tres empresas están acusadas de trolling en Internet y de intentar influir en las elecciones presidenciales estadounidenses de 2016, así como de otras actividades para influir en acontecimientos políticos fuera de Rusia.

El periodista ruso Andrey Soshnikov informó de que Alexey Soskovets, que había participado en la comunidad política juvenil rusa, estaba directamente relacionado con las oficinas de Internet Research en Olgino. Su empresa, North-Western Service Agency, obtuvo 17 o 18 (según distintas fuentes) contratos para organizar celebraciones, foros y competiciones deportivas para las autoridades de San Petersburgo. La agencia fue la única participante en la mitad de esas licitaciones. En el verano de 2013, la agencia ganó una licitación para prestar servicios de transporte de mercancías a los participantes en un campamento de Seliger.

En febrero de 2023, Prigozhin declaró que él fundó la IRA: "Nunca he sido sólo el financiero de la Internet Research Agency. Yo la inventé, la creé y la dirigí durante mucho tiempo". La confesión se produjo meses después de que Prigozhin admitiera la injerencia rusa en las elecciones estadounidenses.

Escisiones

Las campañas contra la oposición en 2013 involucraron a Dmitry Bykov y a la entonces directora de RIA Novosti, Svetlana Mironyuk, mientras que una página web que decía luchar contra las noticias falsas (*Gazeta O Gazetah*) se utilizó para difundir noticias falsas.

Sanciones internacionales

En diciembre de 2016, el Departamento del Tesoro de Estados Unidos designó a Prigozhin en virtud de la OE

13661 para sanciones por prestar apoyo a altos funcionarios de la Federación de Rusia.

En junio de 2017, Estados Unidos impuso sanciones a una de las empresas de Prigozhin, Concord Management and Consulting, en relación con la guerra en el este de Ucrania.

En enero de 2018, el Departamento del Tesoro de Estados Unidos también designó a Evro Polis Ltd para sanciones. Evro Polis es una empresa rusa que ha firmado un contrato con el Gobierno de Siria para proteger los yacimientos petrolíferos sirios a cambio de una participación del 25 por ciento en la producción de petróleo y gas de los yacimientos. La empresa fue designada por ser propiedad de Prigozhin o estar bajo su control. Las sanciones exigen el bloqueo de todos los bienes o intereses en bienes de las personas designadas que estén en posesión o bajo el control de personas estadounidenses o dentro de Estados Unidos. Además, se prohíben en general las transacciones de personas estadounidenses con estas personas (incluidas las empresas).

En septiembre de 2019, otras tres empresas de Prigozhin (Autolex Transport, Beratex Group y Linburg Industries) fueron sancionadas en relación con la injerencia rusa en las elecciones estadounidenses de 2016.

En febrero de 2022, la Internet Research Agency fue incluida en la lista de sanciones de la Unión Europea por dirigir campañas de desinformación para manipular a la opinión pública y "apoyar activamente acciones que socavan y amenazan la integridad territorial, la soberanía y la independencia de Ucrania."

Según Estados Unidos, las actividades de Prigozhin de interferir en las elecciones y subvertir la opinión pública se extienden a países asiáticos y africanos.

Prigozhin también está sujeto a sanciones impuestas por Australia, la Unión Europea, Canadá, Japón, Suiza y el Reino Unido.

Acusaciones penales en EE.UU.

El 16 de febrero de 2018, Prigozhin, Internet Research Agency, Concord Management, otra empresa relacionada, y otras personas rusas relacionadas fueron acusadas por un gran jurado estadounidense. Se le acusó de financiar y organizar operaciones con el fin de interferir en los procesos políticos y electorales de Estados Unidos, incluidas las elecciones presidenciales de 2016, y de otros delitos, incluida la usurpación de identidad. Los cargos contra Concord Management fueron desestimados sin perjuicio el 16 de marzo de 2020.

En febrero de 2021, Prigozhin fue incluido en la lista de personas buscadas por el FBI.

En febrero de 2022, Estados Unidos impuso restricciones de visado y congeló los activos de Prigozhin y su familia, debido a la invasión rusa de Ucrania en 2022.

En julio de 2022, el Departamento de Estado de Estados Unidos ofreció una recompensa de hasta 10 millones de dólares por información sobre Prigozhin, la Internet Research Agency y otras entidades implicadas en la injerencia electoral estadounidense de 2016.

El 7 de noviembre de 2022, Prigozhin declaró que había interferido en las elecciones estadounidenses y que seguiría haciéndolo en el futuro.

Apoyo financiero a Maria Butina en 2019

En mayo de 2019, Maria Butina (acusada de actuar en Estados Unidos como agente de un gobierno extranjero, en concreto de la Federación Rusa) pidió ayuda para pagar los honorarios de su abogado. En febrero de 2019, Valery Butin, padre de Butina, declaró *a Izvestia* que ella debía a sus abogados estadounidenses 40 millones de rublos (659.000 dólares). A través del Fondo Prigozhin para la Protección de los Valores Nacionales, gestionado por Petr Bychkov, se donaron 5 millones de rublos para los gastos del abogado defensor de Butina.

Vida privada

Prigozhin está casado con Lyubov Valentinovna Prigozhina, farmacéutica y empresaria. Es propietaria de una red de tiendas boutique conocida como el *Museo del Chocolate* (en ruso: "Музей шоколада") en San Petersburgo. En 2012 puso en marcha el *Crystal Spa & Lounge, un* spa de día situado en la calle Zhukovsky de San Petersburgo, que en 2013 obtuvo el tercer premio al Spa de Día Urbano Perfecto. Es propietaria de un centro de bienestar en la región de Leningrado y de un hotel boutique llamado *Crystal Spa & Residence*, que ganó el premio Perfect Spa Project en 2013. Es propietaria de New Technologies SPA LLC (en ruso: ООО "Новые технологии СПА"), que se encuentra en la parcela 1 de la calle Granichnaya, en Lakhta Park, Sestroretsk, distrito de Kurortny, San Petersburgo. También es propietaria de Agat, que forma parte del grupo Concord (en ruso: Агат).

La pareja tiene dos hijas: Polina (ruso: Полина), nacida en 1992, y Veronika (ruso: Вероника), nacida en 2005, y un hijo, Pavel (ruso: Павел), nacido en 1996 o 1998. Hasta la invasión de Ucrania, los hijos de Prigozhin podían circular libremente por la Unión Europea. El 20 de febrero de 2022, la hija de Prigozhin, Veronika, participó en competiciones ecuestres en España.

La madre de Prigozhin, Violetta Prigozhina, fue médico y educadora, y es la actual propietaria legal de Concord Management and Consulting LLC (ruso: ООО "Конкорд менеджмент и консалтинг") desde 2011, Etalon LLC (ruso: ООО "Эталон") desde 2010, y Credo LLC (ruso: ООО "Кредо") desde 2011.

Todos los miembros de la familia mencionados fueron sancionados por la Unión Europea, Estados Unidos, Ucrania y muchos otros países debido a la implicación de Prigozhin en la invasión rusa de Ucrania.

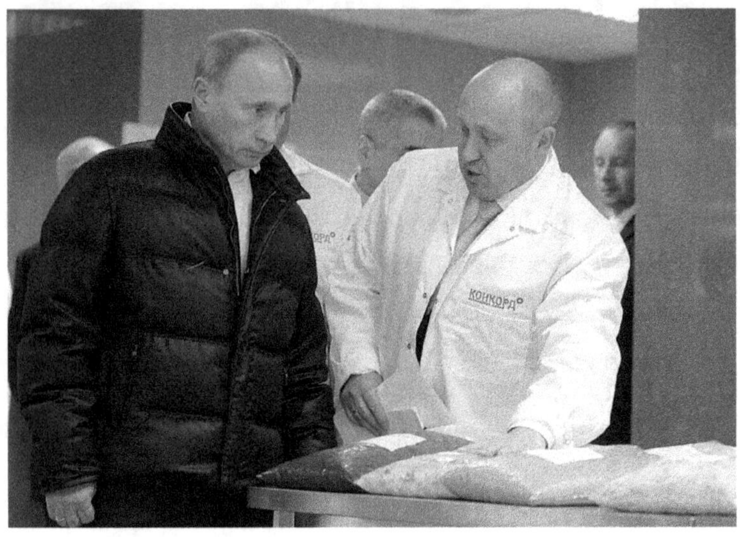

9 789493 331389